朝鮮半島歴史文化論

100年前、韓国ソウル（旧京城府）の地域社会

―社会事業（隣保館）に尽力した
施設団体と、知識人・社会事業家・
篤志家等の同化パラダイム―

天城寿之助
Amagi Toshinosuke

風詠社

１００年前、韓国ソウル（旧京城府）の地域社会◎目次

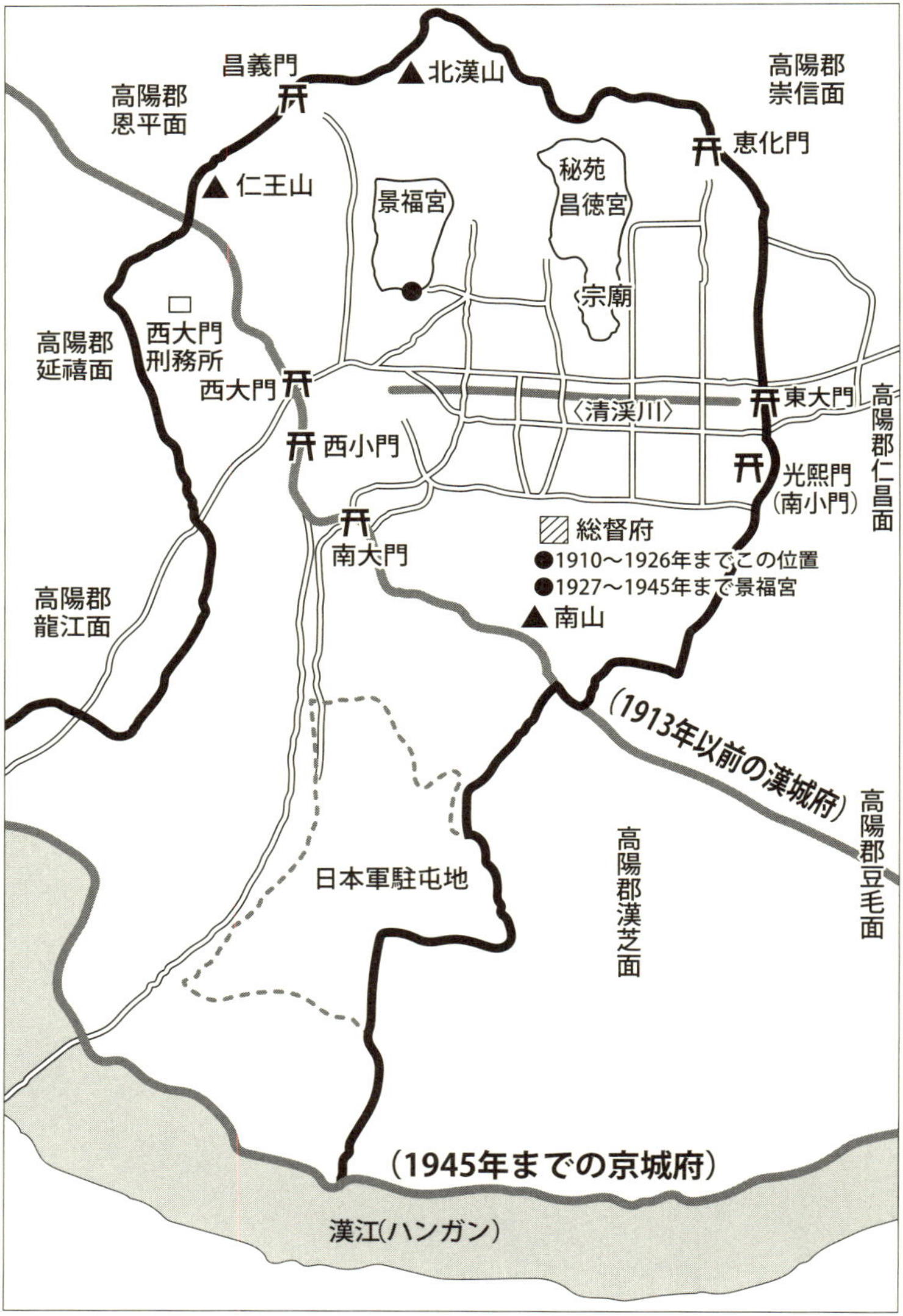

100 年前　京城府の行政区域地図

まえがき　− Another Sky −

Another Sky、「韓国ソウル市東大門区清涼里（チョンニャンニ）」

二〇二三年六月七日、九年ぶりに韓国ソウルを訪れた筆者は、久しぶりにソウル江北《カンブク》（その他に江東、江西、江南）に位置する東大門区清涼里駅前（国鉄）にそびえ立つ高層アパート（ミジュアパート）前の並木通りを散歩した。朴《パク》政権時代（一九六〇～一九七九年）東大門区は「東大門が開いたらソウル都城が明るくなる」と言われるほど、ソウル市内でも商業の中心地だった。特に清涼里（チョンニャンニ）周辺は、東大門区の中でも国鉄、地下鉄、バス停留場、漢方市場、野菜市場、大学校、歓楽街など、交通と人混みで賑わうエリアである。

清涼里（チョンニャンニ）駅前には、一九七〇～八〇年代韓国高度成長を象徴する高層マンションの代表格、ミジュアパートがそびえ立つ。その中道沿いの並木通り周辺は、変貌し続ける駅周辺と違い、今も微かながら朴正熙・全斗煥・蘆泰愚の軍事政権時代の街並みを彷彿させる面影が残存している。実は東大門区清涼里（チョンニャンニ）とは、筆者が留学時代に居住した住所地のエリア名であり、ミジュアパートの並木通り沿いはそのエリアの中の一角に位置し、勉強の合間をぬってはよく散歩する通りだった。

写真１　国鉄・地下鉄一号線清涼里駅前の広場と大通り（1989）

　また、清涼里駅周辺はソウルでも南大門、東大門に続く大きな総合市場としてショッピング、食事、映画等で賑わう場所だった。会社員時代、留学時代に渡韓した時とは違い、現清涼里（チョンニャンニ）周辺は急速な都市文化の発展に伴い、新築ビルディングの増設や新装開店、旧ビルの内装や店主の入れ代わりなどで模様変えし、唯一残っているものは、当時の体験と記憶、そして私が撮った写真や記録など、個人的な資料のみである。

　つまり東大門区清涼里（チョンニャンニ）その周辺とは、日韓の歴史、文化交流に対して真剣に向き合う筆者をいつも温かく見守ってくれる、韓国版故郷「Another Sky」だったのである。まずは、長い間筆者が住んでいた東大門区の「清涼里（チョンニャンニ）」駅周辺の歴史と文化、風土等について紹介することから始めることにしよう。

清涼里駅周辺の歴史と文化

ソウル市『東大門区誌』によると、清涼里駅周辺は朝鮮王朝後期まで荒れた不毛地帯で、居住する人があまり多くなかったようだ。しかし清涼里周辺（清涼二洞）は王の親耕地である宗廟に奉納する供え物の田畑地や清涼寺にお参りする場所として有名だったことから、徐々に近代化の農業開墾の発展と共に多くの移住者が住みつくようになった。

二〇世紀に入り、日韓併合後一九〇四年慶釜線、一九〇六年京義線、一九一四年京元線、一九三六年中央線、京春線の鉄道が敷設される（정재정『일제침략과 한국철도』서울대학교출판부、一九九四）や否や清涼里駅その周辺の不毛地帯には、青果市場、魚肉市場、京東薬令市場などの市場施設が次々に建てられた。そこに日雇い労働者や多くの農業人や上京無職者が住みつき、次第に農産物、漢方薬、生活物産の需要度の高い商業エリアとして発展した。そして時代的趨勢により涼里駅周辺には諸施設が建ち始め、その中には東部隣保館のような社会事業施設も必要とされるようになった。

清涼里駅その周辺は、解放後米軍政の中さらに農産物、漢方薬、雑貨物など生活市場として発展し、その中でも富を得た労働者は清涼里、祭基洞、典農洞などの韓国伝統家屋や高層ビルの象徴であるアパート（ミジュアパート）に居住するようになった。

教育機関をとりあげてもわかるように、植民地時代は卸市場だけでなく京城公立農業学校（現ソウル市立大学校）、普城専門学校（現高麗大学校）、日本統治解放後は漢方、薬学で有名な学校（慶熙大学校）や韓国戦争後に初の外国語学校（韓国外国語大学校）が次々に設立され、清涼里

写真２　清涼里青果物卸市場後方・旧地：歓楽街０八八（2023）

駅その周辺一帯は多くの通学生で賑わうキャンパス街路地として発展した。

また、清涼里駅裏通りから清涼里市場、祭基市場前の大通り沿いは、植民地期歓楽街（遊興街）としても名高い場所でもあった。朝鮮王朝時代に両班と縁の深い伎仙の話しは有名だが、一九二〇年代以降は日本人店も増加して客接待の歓楽街として賑わったようだ。

遊興街に関しては、一九一七年公娼制施行でソウル市中区に「新町遊郭」を作られたのが公娼の由来とされるが、一九二九年、新町遊郭近辺に日本の朝鮮駐劄軍の本部が設置されることにより、清涼里のみでなく龍山、麻浦の遊郭街にも大いに影響を与えた。

清涼里遊興街は、植民地時代を経て解放後にGHQ、韓国戦争後米軍統治下で「清涼里五八八」と言う風俗店が一九九〇年代初期まで乱立した場所である。筆者が訪韓した一九八八年ソウル夏季オリンピック後も、通り沿いには数百店舗以上の風俗店で賑わい、何度か軍人や青春真っ只中の若者が次々に店内に入ったり、引っ張られたりする光景を目の当たりにした。しかし、一九九〇年代に入ると、韓国政府の社会開発政策の一環によって次々に店舗が営業停止に追い込まれ、その後は清涼里駅の裏通り沿いに数店舗しか残存していない。

社会福祉館（東部隣保館）建立

清涼里駅前にそびえ立つ現高層アパート「ミジュアパート（一五階）」跡地は、実は今から一〇〇年前近代建築の最先端技術を用いた福祉施設「社会福祉館」（旧地）が建っていた。社会福祉館と言っても、現代の社会福祉館とは大いに異なり、言わばその前身となる大正・昭和初期の社会事業施設の一つ、当時世界的にも流行した隣保《りんぽ》施設「東部隣保館」が地域に密着した隣保事業活動を展開していた。

ただ当時の隣保館施設を調べて見ると、一九二〇年代の社会福祉館はいろんな名称が使用されており、例えば、隣保館の他に善隣館、社会館、女子館、植民館、セツルメントハウス、生活館等が呼称として使用されていた。これらの名称を全て使用するとなると読者も困惑してしまう為、本書では当時一番使用されていた「隣保館（隣保施設）」を統一名称として使用することとする。注1

注1　全国隣保館協議会のHP資料（二〇二〇年）によると、現在日本では、民間、官民一体問わず三十三府県八二八の「隣保館」が加盟している。統一名称は「隣保館」だが、他に解放会館やすらぎの館、従来の市民会館、生活館、文化会館、コミュニティセンターなどが、呼称として使用されている。

韓国では、既に隣保館自体は日本の植民地支配の負の産物として認識されており、名称自体全く使用されてもいなければ残存もしていない。唯一隣保思想が残っている施設は、名称こそ違うものの後に一九九〇年代南山タワー山麓に建立された記念館（旧保隣会）と、米国宣教会が建立した地下鉄一号線鍾路三街駅近くのＹＭＣＡ跡地の面影ぐらいである。

写真３　伝統家屋・祭基洞地域から眺望したミジュアパート（1989）

　保隣会は、一九二五年頃韓国の開化論者であり対日協力者[注2]だった朴泳孝が、篤志家尹致昊の協力を得て設立した施設である。朴泳孝は路頭に群がる土幕人や浮浪者などを対象に救いの手を差し伸べる寄宿舎事業を現南山山麓で行ない、社会事業の発展に尽力した。（椛山哲宏『日帝下社会福祉館事業の性格と展開』二〇〇〇、ソウル市立大学校）

　朴泳孝や尹致昊の活動は、著名な政治家や篤志家以外に、李康爀のような韓国人民間活動家にも大いに影響を与えた。朴泳孝、尹致昊、李康爀等は、後に日本経済の父であり、社会福祉の父と呼ばれた渋澤栄一とも繋がりがあり、晩年は積極的に社会事業施設の設立と運営にも携わった。特に朴泳孝は社会事業活動の影響を受けて、自身の施設「保隣会」を建立する為に、自己資産を投じて浮浪者、失業者などの寄宿舎事業に尽力したのである。

東部隣保館　初代館長「李康赫」

一九二七年、東部隣保館の初代館長は、対日協力者で篤志家でもある李康爀（イガンヒョク）が赴任した。李康爀館長に関しては、既に朝鮮社会事業史研究者の慎英弘氏（『近代朝鮮社会事業史研究』緑蔭書房、一九八〇年）を始め何人かの社会福祉関係者、歴史研究者によって紹介されている。

東部隣保館の李康爀館長とは、一九二〇年代から終戦の一九四五年まで隣保館活動のみでなく、方面委員（現：民生委員）としても京城府全域の社会事業の為に当局の諸事業に協力した人物である。東部隣保館は当局主導の下で官民一体の代表的な施設として運営され、その設立に李康爀以外に開化論者の朴泳孝や尹致昊など著名な対日協力者も関与している。

つまり李康爀館長は、一九二〇年以降その当時の対日協力者の一人であり、今で言う親日派

注2　本書では、筆者の見解により一般的に使用されている「親日派」という用語の他に、「対日協力者」という用語呼称も多用する。理由に関しては、「八章民族同化に対する社会事業家の本義」「あとがき」で韓国人の活動に対する筆者の見解を述べさせていただいた。

写真４　ミジュアパート（旧地東部隣保館）の並木通り（1989）

（対日協力者）として積極的に日本の朝鮮統治に関与した人物である。李康爀は日本当局の主催するあらゆる活動や行事を主導し、他の対日協力者と共に施設関係の役員、洞長、班長、教化連合会等の職を担い、日本人と一緒に京城府の一地域で地域活動、政治活動を行っている。

そのことを裏付ける立証資料として、当時の朝鮮社会事業研究会が発行する『朝鮮社会事業』に李康爀氏の活動内容がよくとりあげられている。李康爀は一九二〇年代から終戦まで長い間「東部隣保館」の館長に就いて、後に新移転先である荒地の京畿道古陽郡（現ソウル市東大門区「清涼里」一帯）にて社会事業や社会教化事業の普及に尽力しながら諸職活動を行った。

実は清涼里駅前にそびえ立つ現ミジュアパートは、一九三〇年中半李康爀館長が土地購入して建てた旧地「東部隣保館」の跡地だった。東部隣保館は京城府の中でも立地条件、設備が充実し、人員収容面でも一番収容できる総督府監督下の官民一体の公設施設だった為、多くの京城府民が施設を使用したのである。

当時の京城府の区域面積は、地図1の通り（七九頁）現ソウル市面積よりも十分の一にも満たないほど小さいエリアであったが、一九二七年当時の京城府の人口二七、八万人中、数千人の市民（京城府）が東部隣保館を利用したのを鑑みると、近代的社会事業施設の建物としては相当規模の大きい諸事業、隣保事業活動が行なわれていたのである。

東部隣保館と筆者との繋がり

実は清涼里駅前のミジュアパート（写真1）が東部隣保館の旧地（古陽郡）だったことを知らない一九八九年頃、筆者は偶然にも知人を通してミジュアパート（旧東部隣保館）の中角に建つアパート管理事務所を訪問したことがあった。訪問の理由は、韓国の地域社会にある老人学校に関心を持ったからである。そして管理事務所の二階に建つ「老人学校」の活動内容と、老人学校に集う高齢者から戦前戦後の韓国社会事情についてヒアリングの許可をもらう為に訪問したのである。

確か、挨拶の時だったと思うが、管理事務所の所長から左記のような全く予想だにしない意味深長な話を聞かされて、なんとも言いようのない心境地に立たされ、しばらくの間摩訶不思議な感覚に陥ったことがあった。

それは、

일재시대 때 여기에 큰 사회복지관이 건립되어 있었다. 지금은 아파트지만…

写真５　ミジュアパート敷地内の老人学校（2023）

「日帝時代、ここに大きな建物（東部隣保館）があった。今はアパートだが…、とても大きな社会福祉の建物だった……。解放後、その跡地に現高層アパート八棟一五階建（ミジュアパート）が建てられた。（記憶が薄れたが）述べ五〇〇〇名以上の住民が住んでいる…」と。

しかし、その時はあまり意識せず、しかも突然の植民地時代の話だったということもあり、暫くの間記憶を封印したままにして歳月だけが過ぎてしまった…。それが後に韓国留学で大学院の研究活動が本格的に進むにつれて、また一九二〇年代の雑誌（朝鮮社会事業研究会「朝鮮社会事業」など）の記事を読み進めるうちに、次第に所長と出会った時の対話内容や直接老人学校を訪問して老人から話をヒアリングした時の記憶が甦って来たのである。

結局、ヒアリング調査は後の大学院研究時の一回を含め三回で終ってしまうが、不思議と初対面時に管理所長から偶然に耳にした「植民地時代アパート旧地が社会福祉館（東部隣保館）だった」こと、またミジュアパート管理事務所上に建つ二階の集会場「老人学校」に直接足を運び、高齢者と長時間話し合ったことが後の私の社会事業施設研究のテーマとつながったのだから、実に縁深いと言うか貴重な体験をさせていただいたことになる。

老人学校（アパート居住者のみ）の初回と二回の聞きとり訪問では、常に七、八〇歳ぐらい十数人のお年寄りが集まり、花札や将棋などをしながら「ハハハ…」と声高らかに楽しむ光景を目の当たりにした。日本語で話すお年寄りもいたが、周囲の親日視線を気にしていたからなのか、二回とも中々心を開いてくれようとせず形式的な挨拶用語だけで終わってしまう方もいた。

筆者としては、浅はかな知識を補う為に純粋な動機で戦前の体験話を直接に聞きたかっただけだったが、当時の社会的雰囲気上中々容易でなかった。挨拶混じりに返事だけする老人以外、大半は無表情で「日本人がどうして、こんな所へ来たの…」と呟きながら困惑する表情だったので、何とも言いようのない複雑な心境に駆られたものである。ただ、そんな中でも嬉しいことに数人の方々から膝を交える機会が得られ、若い人の口承、机上の本とメディアによる歴史とは違う、殆どが本人の貴重な戦前体験を元にした証しを耳にして、極めて興味深い価値のあるヒアリング内容となった。

歴史認識の裏表

しかし反面、マスコミや人々の話を聞きながら一つの疑問が湧いて来たのも事実で、時として腑に落ちない内容も多々あった。それは前書でも紹介させて頂いたが、何処から何処までが事実かそうでないか、個人で語ったとしても本人の体験なのか、他者からの口承なのか、或いは学校での教育、雑誌による知識抜粋なのか、ドラマや映画のワンシーンなのか、その違いを明らかに把握するのが容易でなかったのである。

すなわち、個々が見聞した体験歴史と、後に外部からの見聞の受容、国家の論理で捉えようとするメディアからの歴史が交じり合ってしまい、お年寄りの語る歴史事実に困惑したのである。国家が個人に、個人が国家に介入した時、又は政治が介入した時に歴史観が大いに異なることを知り、結果的に筆者自身がどのような事実基準・価値基準で過去の歴史を判断すればいいのか、知の整理、心の整理が容易でなかったのである。

個人的な見解になるが、その当時お会いしたお年寄りは殆どが好印象しか残っておらず、話す内容も実体験で面白く、感慨深かった。むしろ私には現代に遡る若者、壮年の方が日本に対して強い反発心を抱いていたように感じられてならなかった。特に、戦後生まれた壮年層にその波動が感じられてならないのは、どうしてなのだろうかと、よく思ったものだ。

確かに、結論を出し難いテーマでもあるが、筆者はその核心要因の一つとして「戦後の教育思想」が中年層に根深く刻印されたのではないかと思っている。

少なからず時代的背景の差異はあるが、むしろ当時の高齢者は日本に対しどんなに怒りを込めて批判したとしても、その心中から敵対意識があまり感じられず、何かしら親近感と言うか、心情的に近い感覚、記憶しか残らなかったから不思議である。逆に若者世代（現在のK-POP世代除く）の方が感情的で、幾たびも血走った表情できつい言葉を浴びせられ、歴史は教育次第で大いに変わると痛感したものである。

但し不思議と、年老いた方の話の特徴として、最後の段階になってくると必ずと言っていいぐらい、日本女性の話題が度々浮上して来るので、これまた摩訶不思議でならなかった。読者諸君には滑稽で宙に浮いた笑い話に聞こえるかもしれないが、その時はいつも何とも言いようのない複雑な心境にかられたものである。やはり恋愛に関しては、万民共通で老いても記憶の奥底に残るものらしく、とかく枯れつつある心中を未練がましく甘い対話蜜で潤いをもたらしているかのようだった。

このような内容に関しては、「あとがき　－ Another Story －」でもいくつかの植民地時代の日韓人交流の体験事例をとりあげて紹介してみようと思う。

序　章　－社会事業史の視点から植民地統治期を捉えて見ると－

韓国史と「私」の歴史深層を哲学すると…

前書、『朝鮮半島歴史文化論－韓国史と「私」の歴史深層を哲学する－』（二〇一四年九月）は、長年筆者が韓国社会で実体験、実体感した韓国歴史文化論（第一・二章）と韓国史論（三章）を率直に、主観的かつ客観的に真正面から叙述した随想録であり、韓国史の研究ノートである。

一人でも多くの日本人に「朝鮮半島（韓国・北朝鮮）の歴史と文化」の世界に触れて頂きたく、韓国史との出会いから始まり、韓国の歴史と文化に対し真摯に向き合わざるをえなかったせつない文化体験（第一章）、そして一日本人として理解するに至るまで時間を要した隣国の歴史観、対日感情・対日認識論（第二章）を自分史的、非主流的な視点から論究させていただいた。

また第三章の韓国史論では、韓国人の深淵な「民族愛と歴史アイデンティティ」を念頭に置き

写真６　前書「朝鮮半島歴史文化論 －韓国史と「私」の歴史深層を哲学する－」（2014・9）

ながら「韓国史概論の一篇として紹介するに値いするであろう…」と思うテーマを時代毎に選びだし、微力ながらも独自の歴史観で叙述させていただいた。たとえ史実の論理構成や事実内容に多々難点があったとしても、可能な限り史料に基づいて客観的、体系的に、かつ忠実に紹介させて頂いたつもりだが、果たしてどのくらい「韓民族史の本義」が伝えられたのかわからない…。

では再度、前書の韓国史論（古代から現代）の内容について簡略に振り返って見てから、本書のテーマについて問題提起することにしよう。

まず始めに、古代史では今尚も韓中関係の政治摩擦に発展しかねない国家起源のアイデンティティ、韓国人なら誰しもが信じてやまない古朝鮮の「四三〇〇年代」説と現代の中国三省まで至った「広域問題」について、韓中の文献資料と考古学資料に基づいて考察してみた。次に、今日の朝鮮半島の民族統一を意識しながら新羅三国統一時代の立役者だった「花郎徒」に焦点を絞り、「花郎徒とは、何か？　花郎徒の年齢、組織、訓練、教育内容とは？」について考察してみた。

中世では、韓国仏教の根・幹となる高麗仏教の理論的意義と歴史的展開と内容を追究した「韓民族思想の基層を散策する」と、現代の東アジア国際関係（拉致問題）と結びつけながら十一世紀、唯一高麗と東アジア諸国が友好関係に至った要因を考察した「一〇一九年を通して見た高麗全盛期（一〇一九～一一二〇）の対外関係－高麗・女真の第三次戦争と刀伊の入寇を中心として－」について掲載した。

前近代では、現代の韓国伝統芸能のアイデンティティとして君臨する朝鮮後期「パンソリ」の立役者、「申在孝の生涯」について心性史の視点から考察してみた。朝鮮後期の両班社会、身分階級、父親との関係や妻との三度の死別、又は申在孝が遺した作品などを通してパンソリの意義や活動の行動原型、又は人間模様について分析してみた。

近代では、抗日意識、反日意識の起点である現代の日韓関係に根深く心痛する「閔妃殺害事件の真相」について、三国干渉から俄館播遷、引俄拒日策、断髪令、義兵運動まで結びつけて、当時の韓国と日本の政治的動向、又は韓国内部における政治状況に焦点を向けながら韓国側の資料を元に考察してみた。また、近代の「在中朝鮮族の社会形成の展開と性格を整理する」では、一九世紀後期朝鮮半島から隣国中国に流浪した移民・難民の歴史的変遷を四時期に区分して、政治的、社会的動向とその内容について難民史、移民史の側面から考察してみた。

終章では、北朝鮮と今も尚摩擦、対立が続く日朝関係、そして朝鮮半島及び東アジア全域の情勢を憂いて叙述した歴史随想録「何処へ行く北朝鮮！」を掲載して、北朝鮮社会の政治体制や植民地支配の戦後補償、または核ミサイルや日本人拉致、北朝鮮難民の現況など、自らの基本的な考え方、計八篇の史論・随想録の構成で紹介させていただいた。

しかし、執筆後の所感を述べさせて頂くと、文章化する技法に無力さを痛感したことは言うまでもなく、改めて前書は個人的な歴史文化エッセー（第一章）と、主観的でかつ抽象的な表現の多さが目立つあまり、焦点の定まりにくい浅はかな歴史思想論（第二章）になってしまった。また第三章の韓国史論では、韓民族の悠久な歴史アイデンティティを意識するあまり、時代区分とテーマが広がりすぎてしまい、漠然とした構造的な歴史文化論の文章構成と内容になってしまった。

本書の構成

従って、本書では筆者の研究領域である社会事業史（社会福祉史）の側面から一〇〇年前の植民地朝鮮（京城府を中心として）における社会事業だけに焦点を絞り、社会事業の始まりと社会事業法による統制、社会事業施設の設立動向と財源内容、又は社会事業施設団体の性格や日本人、朝鮮人、西欧人の活動内容について考察してみようと思う。特に、京城府内の隣保館の設立と事業内容、施設団体の組織構成や活動内容、その運営資金についてどのくらいの規模で行われたのか、又は同化政策に対する社会事業家、篤志家の本義について考察して、一〇〇年前ソウルの地域社会の実体に近づいてみようと思う。

まず第Ⅰ章では、近代社会における隣保館事業の思想的意義を明らかにする為に、発祥地英国で設立された慈善事業（慈善組織協会ＣＯＳ）の影響を受けて誕生した、英国の隣保事業（セツルメント運動）の語源、定義、特質、その思想的意義と歴史的展開について考察してみようと思う。隣保とは、隣保事業とは何か、隣保館とは、一体どんな施設なのか、その内容と変遷について、又は英国で誕生した隣保（館）事業が米国へ、後に米国からどのように日本社会に浸透して来たのか、その歴史的展開と内容について明らかにしたい。

第Ⅱ章では、朝鮮の社会事業の成立を明らかにする為に、一九二〇年前後に朝鮮の独立運動、その社会階級分化により社会事業、社会事業施設の設立が要求され、それによって朝鮮社会が政治的、社会経済的にどのように変遷していくのか、その歴史的展開について考察してみようと思う。まず、朝鮮の社会事業の種別に注目しながら、社会から転落する土幕民や火田民などの下層社会の実態について調べ、次に一九二〇年代西欧・日本から到来するデモクラシーの影響を受けて設立された文化運動や政治運動、女性人権運動、民間団体やクラブの地域活動などが具体的にどのように行なわれたのか、その内容について考察してみようと思う。

第Ⅲ章では、一九二〇年代当局の社会事業法による地域社会の統制を把握する為、京城府などの地方制度の改革断行、京城府の社会事業の管轄区域整備、社会事業法によって設立された統制機関、その仕組みと人的動向について明らかにしてみようと思う。京城府では、社会事業を行なった監督機関として朝鮮総督府、京畿道、京城府の三つの部署が各々存在したが、実際どのような社会事業の政策や事業、そして監督業務が行われたのか、社会事業のしくみや法統制の構造と機能について調べてみることにする。

第Ⅳ章では、一九二〇年代朝鮮全土で実施された社会事業の種別と施設設立の動向、その特長について明らかにしてみようと思う。一九二〇年代の社会事業の種別は、防貧事業、児童保護事業、特殊教育、保護医療事業、出獄人保護事業、窮民救助及び罹災救助事業等七項目に大別され、実際社会事業の施設数が朝鮮全土に七一箇所存在した。また、本章では七一施設団体の主体、事業種別、機関別、国別、地域分布、又その中でどのような団体が隣保館事業を行なったのか、具体的に考察してみようと思う。

第Ⅴ章では、社会事業の財源内容に関して考察する為、統治期の財源基底となる恩賜金、臨時恩賜金、又は当局（朝鮮総督府、各道、各府）の補助金、そして民間人支援金出資者等、財源の内容と特質について調べてみようと思う。特に本章では、社会事業全体の中枢を担う行政、連絡統制機関が総督府主導の下でどのように組織化され、そして各機関、団体へどのような影響を及ぼしたのか、または、社会事業施設一覧表を通じて社会事業施設がどのような経営母体の下で設立され、どこからどのような経路を通じて資金が調達されたのか、資金元と運営資金の流れについて明らかにしたい。

第Ⅵ章では、一九二〇年代京城府における零細民同化、社会同化性の強い隣保館を始め社会事業施設の性格について理論実践両側面から歴史的展開を考察してみようと思う。特に、一九二〇年代隣保館を設立した団体の理念や事業内容、ないしそれ以外の諸施設の事業内容について調べてみようと思う。又、補助金を受けた施設とそうでない施設の違いや、朴泳孝、尹致昊、李康爀のような対日協力者として地域活動に貢献した韓国人の活動に焦点をあててみようと思う。

第Ⅶ章では、京城府の地域社会における方面委員と町洞総代の活動と事業内容、そして教化運動について着目して、町洞総代設置規則の内容と事務項目に乗じて施設の自治的活動の内容について考察してみようと思う。特に、方面委員、町洞総代として社会事業のみでなく政治活動、地域活動に積極的だった対日協力者に焦点を向けて、その中で特に東部隣保館館長の李康爀の活動内容について明らかにしてみたい。

第Ⅷ章では、当時の社会事業従事者が社会福祉事業の前身である社会事業に対して、どのような認識を持って社会事業活動を行なっていたのか、又は当時の韓国人・日本人が民族間の心情的な壁をどのように受けとめ、どのようなアイデンティティスタンスで社会事業活動を行ったのか、社会事業家の本義とその実体像にせまってみようと思う。

社会事業（施設）史視点の必要性

筆者が近代の朝鮮社会事業に関心を持つようになったのは、一九九〇年代の韓国留学時に読んだ池田敬正先生の著書『社会福祉の展望』が発端となり、その後吉田久一先生の『日本社会事業史』『日本社会事業理論史』『近代社会事業史』、韓国の具磁石先生の著書『韓国社会福祉事業史』を通して西欧の社会事業、又は韓国の伝統的な慈恵事業や近代の社会事業全般について理解度を深めてからである。

本書の社会事業施設（隣保館）に関して研究を始めたのは、大学院時代に直接指導教授から頂いた慎英弘先生の著書『近代朝鮮社会事業史研究－京城における方面委員制度と歴史的展開－』を読んでからである。慎先生の著書は、筆者自身の朝鮮近代社会事業史の全体像と内容を把握できる契機となり、社会事業及び社会事業施設が植民地の統治で如何にして近代復興の足がかりとなったのかを知り、本書でも大いに参照させていただいた。

当時の社会事業施設は今日の社会福祉施設と大いに異なっており、事業内容も市場、図書館、生活館、簡易食堂、質屋、職業紹介等、多種多様広範囲に及び、ほとんどの施設が社会事業に属したり、社会教育や社会教化事業に属したりしていた。特に本書の中心題目である隣保館事業は、当時朝鮮だけでなく日本、西欧諸国でも注目を浴びた流行りの社会事業施設の一つとして、日本から数多くの団体が渡朝して施設設立と運営管理を行なったという事実を知った。

しかし、当時の社会事業施設の統計を調査すると、朝鮮の隣保事業は西欧や日本のようにあまり普及しなかった模様だ。その理由としては、日本統治下という政治体制も影響してか、西欧は天主教、日本は仏教と神道、基督教など、宗教系列の団体組織のほとんどが当局寄りだった為、韓国人と外国人の一部の隣保館事業は政治的規制により、あまり発展しなかったと考えられる。

結果的に、韓国人の隣保館事業活動は日本統治下により政治的な監視から避けられず、治安維持の活動や住宅事業の一環として土幕民、火田民、行旅人の保護、貧民救済、或いは資金不足による縮小事業の活動や教化思想事業の方向へと誘導され、韓国人独自による隣保施設経営や活動自体に限界があったと考えられる。

社会事業史研究の現状

韓国留学時代に筆者が社会事業史研究に携わった時（一九九七年～二〇〇四年）は、韓国史学者の「植民地期の社会事業」に関する研究があまり多くなかった。なぜなら当時の韓国史学会では、社会事業史（社会福祉史）の研究は歴史学の諸分野に比して一領域として認識されておらず、まだ手つかずの研究対象の領域だったからである。逆に韓国人にとって拒否反応というか、心理的に根強い反発意識を与える専門領域の一分野として挙げられていたからである。

その真意は、「社会事業があった、なかった」と述べることが容易でなかった…と言うよりも、そもそも論として歴史学の一領域として「社会事業」と言う言葉を安易に口にしてはいけない、という風潮がバリアーの如く歴史研究会を覆っていたかのような風潮があった。たとえ論文の中で「植民地朝鮮における社会事業」という題目は書かれていたとしても、「植民地下の中で社会事業はあった」という表現使用は容易でなく、如何にしたら日本側の論理が克服（克日）できるのかという問題提起が先んじられているような風潮があった。

これは数多くの研究が発表されつつある昨今でも、そもそも他国の主権を奪い強制された社会事業に対して、何故「社会事業」と呼べるのだろうか、と言う被害者側の歴史認識が研究者の心情に根深く覆いかぶさっているのである。

むしろ社会事業史の研究は、歴史研究者よりも社会福祉学を専門とする社会福祉学系統に所属する理論研究者や、社会福祉の歴史を専門とする研究者がほとんどだった。もっと韓国史学者の「社会事業史」の研究が進んでもおかしくないはずだが、これは韓国における社会事業史に関心を持つ韓国史学研究者が少ないだけなのか、それとも単に社会事業という領域に対して心理的に拒否反応を示しているだけなのか、その真意は不透明である。たとえ研究が発表されたとしても植民地統治における上下の目的論に立脚した歴史叙述が大部分で、近代社会事業の開発、技術論に立脚した人々の生活福祉や生きがい論を重視した実利的な実践生活アプローチはあまり望まれていないと言わざるをえない。

本書では、以上の問題提起を踏まえて、一〇〇年前の朝鮮（京城府）統治における近代の社会事業の目的と歴史的変遷、社会事業施設（隣保施設）の設立と社会事業家の活動内容、その本義について考察してみようと思う。

Ⅰ章　近代社会における隣保館事業の思想的意義

一　隣保館とは、何か？

著名なる社会事業史家の証し

社会事業史家として著名な吉田久一先生[注3]は、生前筆者とのインタビュー（二〇〇〇年八月）の中で、戦前職員として「隣保館」施設で勤務した体験について次のような心温まる思い出を語ってくれた。

隣保館での活動は、私の人生を大きく変えた。私も若くて、楽しかった…。その時の経験は、後に社会事業史、社会福祉史の研究に大いに手助けとなったし…。老いて、もう駄目かもしれないが、出来ればあの頃のようにもう一度隣保館で働いてみたい…、（何度も）もう一度、施設で働きたい。貴方も働いてみたらいい…と勧めてくれたが。

右記の内容は筆者が台湾留学に行く前日のインタビューだったが、先生の熱い旨を受けて台湾の隣保施設の訪問調査を後押しする契機になった。

台湾では、今も植民地時代の隣保施設が継続的に運営されており、現場を目の当たりにした時は何とも言いようのない複雑な思いに駆られたものである。その後、先生に台湾の隣保施設調査ついて報告しようと受話器を耳にあてたが、既に先生は天に召された後だった…。

注３　吉田久一
戦前戦後、日本の社会事業史家。日本社会事業大学名誉教授、社会事業・社会福祉の歴史編纂に貢献した社会福祉史学者。

写真７　台湾総督府（2000 年）

現在の「隣保館」とは？

現在日本では、文化会館、市民館、社会教育センター、厚生文化センター、地域福祉センター、公民館とかはよく耳にする名称だが、隣保館の名称はあまり知られていない。一般的に馴染みのないこの名称、果たして日本全国でどれくらいの方が隣保館について知っているのだろうか？　恥ずかしい限りだが、筆者も隣保館を知ったのは三〇歳半ばで社会事業史を勉強し始めてからであり、それまで全く耳にした事のない名称だった。

おそらく多くの日本人は、住居・職場に近くて目にしたことがあったとしても、何かの行事で施設自体を使用するか、ないしネットで検索していないと中々イメージが浮かばないだろう。都心関東近郊自治体の福祉施設で働く職員の中でも、隣保館のことを聞いてもわからないというから驚きである。たとえ隣保館の名称を耳にしたとしても、実際どのような施設なのか、主体的にネットなどで検索しない限り施設の事業内容はわからないだろう。

冒頭の注1でも述べたように、現在隣保館は日本全国津々浦々で八二八施設（二〇一五年度全国隣保館連絡協議会ホームページ掲載）が加盟している。戦前の隣保館の性格とは大小異なるものの、ほとんどの施設は今も自治体主導の下で運営されている。その分布度はどちらかと言うと東日本より西日本側に多く分布して、事業内容もゆっくりだが時世によって変わりつつある。

主な事業としては、調査研究事業、啓発・教宣事業、研修事業、ネットワーク事業等、ほとんどが社会教育事業関連である。最近になって国の法規定で社会福祉事業の一環として介護者、障碍者に対する「隣保館デイサービス事業」が含まれるようになったが、まだ認知度は全国的に浸透しておらず活動実態も他施設と比べてもほとんど見当たらないようである。

しかし、昨今介護の現場では人手不足を補う為に外国人によるサポートサービスが急務となっており、施設の経営方針如何によっては大いに期待できる次世代領域だと思って間違いないだろう。なぜなら「保育施設」と連携した「隣保館」は、地方によっては既に周知されているが、介護事業の一環としての隣保デイサービスはまだまだ始まったばかりで、他施設と比べても認知度低く数的に少ないからである。

隣保館の施設数は、現在社会教育施設である公民館一四六八一箇所（平成二七年度統計）、児童館四五九八箇所、社会教育会館、文化会館等、又は老人福祉施設、障害者支援施設、有料老人ホーム等の社会福祉施設八二六一一箇所（令和三年社会福祉調査の概況－厚生労働省－）と比較

すると、極端に少ないことがわかる。本来なら「福祉の向上や人権啓発」の拠点として、時世に沿った新しいサービスニーズが叫ばれてもおかしくないはずだが、隣保館の施設数が少なすぎるせいなのか、それとも人権・福祉教育の同和事業に重きを置くあまりに、住民のニーズ面で遅れをとっていないか、認知度は極めて低いと言わざるをえない。

そのような観点から捉えて見た時、筆者は現代こそ多国籍型の介護福祉事業と隣保事業のコラボによる実践性の強い「隣保館デイサービス」が、既に到来しつつある多文化地域社会において外国人と地域住民の交流の追い風となっていただきたいと、切に願ってやまない。

隣保館の定義

厚生労働省の「隣保館設置運営要綱」（平成一四年）によると、現在の「隣保館」の定義は次のように説明されている。

> 隣保館は地域社会全体の中で福祉の向上や人権啓発の住民交流の拠点となる開かれたコミュニティセンターとして、生活上の各種相談事業や人権課題の解決のための各種事業を総合的に行うものとする、と規定されている。

また、ブリタニカ国際大百科事典の「解説」によると、社会福祉施設の一つ。右記の定義を規定した上で、「現在は同和事業の一環として設置されているものが主である。社会福祉事業法（二〇〇〇年より社会福祉法と改正）の第二種社会福祉事業の一つに位置づけられており、近隣地域社会における福祉にかけた住民を対象として、無料又は低額な料金でこの施設を利用させるなど、住民の生活の改善及び向上をはかるための各種の事業」と規定されている。

つまり現在の隣保館とは、福祉に欠けた地域住民、地域社会を対象に「福祉の向上と人権啓発の為の住民交流のコミュニテイセンター（地域密着型の福祉センター）」として、地域社会における福祉の役割と価値を追求し、一人でも多くの住民（主に生活環境に苦しむ高齢者や子供、又は生活困窮者、障碍者等）の為に福祉サービスを提供する総合的施設」ということになろう。

しかし、戦前の隣保館事業では若干意味合いが違って福祉の向上と人権啓発の住民交流と言うよりも融和事業の一環として住民の感化救済や矯風改善など、治安維持的に行なわれる経緯が強かったようである。つまり戦前の日本は、社会治安の統治の為に社会事業を行ない、その一事業として同和性の強い融和色彩を帯びた隣保館事業が全国津々浦々、特に地方の貧民街や零細地で行なわれていたのである。

本章では、このような歴史的背景をもつ隣保館施設に焦点を絞り、一〇〇年以上前の「隣保館とは、何なのか」「隣保事業とは」「なぜ隣保館を始め多くの社会事業施設が、当時日本、朝鮮、台湾を始め各諸国で必要とされていたのか」、隣保館事業の定義と歴史的経緯、又はその思想について追究してみようと思う。

二　一〇〇年前の隣保館とは…

「Settlement（セツルメント）」の意味

一〇〇年前の「隣保館」とは、一体どのような施設だったのだろうか？　「隣保」の目的とは、その定義とは…、果たして、どのような事業が行なわれたのか？　現在存在する隣保館と同じ事業活動が行なわれていたのだろうか、それとも別の事業形態で行われていたのだろうか？　まずは隣保事業の「隣保」の意味から調べてみることにしよう。

広辞苑には、「隣保」について「近所の人々によって組織された互助組合」となっているが、当時の論文によれば「隣保」とは「Settlement（セツルメント）の訳語」（谷山恵林一九三三）である。すなわち「隣保館」とは、「隣保」（互いに助け合う）を行う施設名称Settlement（セツルメント）、その事業をSettlement Work（隣保事業＝セツルメントワーク）と指し、特に外国の場合は「隣保館」の事を「セツルメント」と呼称したのである。

その「Settlement（セツルメント）」の語義についてソーシャルセツルメント研究者だった、大林宗嗣は当時の論文（「Settlement（語義）」（大林宗嗣一九二一）の中で、後記のように英訳している。

Settlement（セツルメント）とは、英語のSettleという動詞から出てきた言葉である。この言葉の意味は、動揺する、心を沈静する。明白になる、お互い和解する、平和に安定する、そして同化する、植民する…と。

つまり大林氏は、隣保館＝Settlement（セツルメント）とは、Settleを行なう施設のことを指し、「和解する、安定する場所である」と述べている。確かにこれだけの翻訳だけだと、セツルメント（隣保館）が当時の人びとの心に新鮮なイメージを吹きかける施設だったかのような感覚を受ける。しかも「和解する、平和に安定する」と言う箇所では、人の心の水面に穏やかな光を灯し、平安な感覚を与えることだろう。

しかし、最後の箇所が「同化する、植民する」となっている以上、正直現代の視点で述べると、違和感が生じる意味でもある。むしろ受け取り次第では、大いに誤解と問題をはらむ訳語であり、同胞の家族、会社、故郷等とは大いに違う、植民地化された民族・国家での「同化する、植民する」では抵抗感の生じる訳となってしまう。

当時が産業革命後の世界的潮流とは言え、これでは植民地側の支配論理の利便策を図った表現訳として受け取られてもおかしくないだろう。現代風で解釈すると「同化する、植民する」とは、政治的色彩の濃いColonyをさす意味あいでもあり、人権上から捉えても「国民同化」「日本人化」、又は社会的側面から捉えると十分「零細民同化」「貧民同化」「交友館事業」「社会同化」としか解釈できないだろう。

セツルメントの普遍的な幸福観

また、大林氏は社会的側面からSettlementの同化事業に関しても、

Settlementとは、社会改造事業で階級分裂によって生じた階級間の障壁を除去する同化事業である。Settlementとは、社会の最大多数を占めた民衆に向かって、知識階級の人たちが指図する同化事業であるとし、両階級間を相互の理解と融和を一時的なものではなく、恒久的な意味合いで成就することがSettlementの目的である（大林宗嗣、同掲書、一九二一）と見解を述べている。

その上で、大林氏は英国の経済学者ウイリアムターカー（William Terker）の表現を用いて、「セツルメント（隣保館）の教育を受けた男女が、貧民部落にいる労働者と日常の個人的な関係を維持する為のHomeだ」とし、「人々が同胞として全ての公共の利益を享有する市民として、自ら自覚して隣人と協力して、一般福利増進の為に努力して、友情をもってお互い相扶相励しながら向上し発展する」と、セツルメントの普遍的な幸福観をわかりやすく説いている。

しかし大林氏の論稿には、理論中心に重きを置いて国家を超える同化思想、植民思想の普遍観に焦点を絞るあまり、セツルメントが行われる現場の実践的な具体例がほとんど紹介されていな

い。その為、当時の人々の理想と現実の間にどのくらいの生活の隔たりがあり、具体的に植民地支配者・被支配者間における生活実態が全く見えず、特に被支配者側の負の側面の個別的な立場が不透明である。

従って大林氏の論稿には、セツルメントにおける同化思想、植民思想がどのように民衆の心理に植えつけられていたのか、どのくらい人格形成に影響を与えたのか、又はそれによりどのような実態生活が培われていたのかが見えず、どちらかと言えば被支配者の立場を離れた支配者層の論理のみに重きを置いた理論中心の抽象的な表現にとどまっている。

セツルメントの基本的概念

一方、仏教社会事業史研究者の谷山恵林氏は、当時の「セツルメント（隣保館）」について、大林氏とは異なる見解を具体的に述べている。

セツルメントは、スラム街、貧民街に移住して、近隣の生活を保護して幸福な生きがいを提供する為の事業であり、社会調査、救貧、防貧、福利等は全て含む。…その施設名称は善隣館、隣保館、社会館である…。（谷山恵林『佛教社会事業史』一九三三）

確かに、当時の資料によればセツルメントは隣保館を始め善隣館、社会館、又はそれ以外にも女子館、植民地館、生活館、セツルメントハウスと幅広く使用されていたのが確認できる。第Ⅱ

章の「朝鮮における社会事業の始まり」の中でも紹介するが、谷山氏の論稿によると、「隣保館」とは、福利事業の中の一事業施設である。当時の福利施設には、簡易食堂、簡易洗濯、簡易浴場、市場や貸付屋、図書館、生活館など多種多様な施設が含まれており、隣保館もその中の一施設事業の中に含むと位置付けされている。

よって大林と谷山両氏のセツルメントの論稿を精査すると、当時の「セツルメント」に対する概念は、社会の中のいろんな階級間の矛盾、障壁を除去するための施設活動であると同時に、零細民同化、貧民同化、社会同化など、同化性の濃い政治的な性質を含んだ隣保事業の施設活動でもあったことが理解できよう。

要するに一〇〇年前の「セツルメント」とは、日本でも英国、米国と同じく教育を受けた知識人が開拓地、入植地、定住地などの零細民化、工場街、貧民街で住民生活に接触しながら、生活向上を指導する社会的な事業、活動、運動を行う施設活動である。又は生活困窮者や貧困者の為に診療、宿泊、簡易洗濯・浴場、託児所などを設置して福利事業活動を行うことを指す。すなわち、西欧ではその施設名称のことをセツルメントと言い、日本では隣保事業を行なう英訳施設として〝隣保館〟と呼んだのである。

各国の隣保施設の比較

その他に前記の二人とは異なった視点でSettlement（隣保館）の研究を行なった学者もいた。安井氏の場合は日本の「隣保館」の位置づけや他国との違いを明らかにする為に「英国」、「米国」との比較分析を通して隣保施設事業の性格と歴史的展開の考察を行なっている。（安井誠一郎『社会問題と社会事業』三省堂、一九三三）。

安井氏は、Settlement（隣保館、隣保事業を行なう施設）の基本的概念について、居住的（社会的）Settlement、教育的Settlement、そして米国で発達した地域共同センターの三つの特徴に分けながら解説している。

まず一つ目の居住的Settlementとは、社会的奉仕をする者が零細民地区に移住して、隣近所の人と友好関係を結ぶことによって、その精神的向上と社会改造の目的を達成することをさす。二つ目の教育的Settlementは、成人教育の社会人中心をさし、原則として居住者はおらず一般的な社会事業を行わない事をさす。また、他のSettlementのように後援者の委員によって支配されることもなく、極めて自由な自治的な活動を行うことをさす。これは比較的に新しく、二〇世紀に入ってから発達した。最後の三つ目の地域共同センターとは、一つの区域の住民が人権、政党、宗教等の差別を行うことなく、同じ公民の立場で社会人として慰安、教養等の目的の為に集合する共同体をさす。この地域共同センターは、後に発展して活動内容も多様になり、事業部も講演部、集会部、演奏部、市民部、運動部、具楽部、文芸部、図書部、舞踏部、社会部（職業紹介、職業指導、診療、購買）等、各部に分かれて発展した。（安井誠一郎、同掲書、頁二九七～三〇一）

以上の内容を分析すると、国籍、場所、経営母体等によって若干事業内容は異なるもの、米国のSettlement（隣保館、隣保事業）の基本的概念はこの時点で近代的な特質を備え持ち、広範囲に及ぶコミュニティセンターの活動思想と基盤がある程度多角的に確立化されていたようである。

このような米国式のコミュニティセンター式のSettlement活動は、一九二〇年以降日本の隣保施設活動にも影響を与え、多くの日本人社会事業家が見よう見真似で都市や地方の鉄道、港湾周辺の地域社会で隣保事業活動を行い、後に全国津々浦々で発展する契機となった。実はこの時期を界に日本の隣保館のほとんどが、狭い零細民エリアを対象とする活動よりも広範囲に及ぶ米国式の地域共同センターの活動思想の影響を受けて、近代の自治活動の性格を備え持つ多角的なセツルメント活動へと転換するのである。

三　セツルメントの起源と特徴

一九世紀後半西欧のSettlement（セツルメント）は、良識ある知識人や教育者が開拓地・入植地等の工場街、貧民街やスラム街地区に入って、住民生活に接触して生活向上の指導がほとんどだった。もし極度な貧困者がいた場合、知識人などが入り込み、隣保館施設を通じて救済活動、生活改善の啓蒙活動を行なったりした。当初は「社会事業」という言葉も使用されていなかったので、殆どの活動は慈善組織協会（ＣＯＳ）と繋がったセツルメント（隣保館事業）という用語が使用されるだけだった。

英国の隣保館の始まり

では、隣保館事業（セツルメントワーク）が世界で初めて行われた国は、一体何処だろうか？どのような政治、経済、社会的背景の下で隣保館事業が行われたのか、又はどのような人たちによって活動が行われたのか、その発祥起源と歴史的経緯を調べることにする。

既に今まで多くの研究者、社会福祉関連の団体によって紹介されているが、隣保館は産業革命の発祥地「英国」が始まりである。その歴史的経緯は一八八四年、英国ロンドン市のスラム街で開館された「トゥインビユーホール」が最初で、一九世紀末から二〇世紀初頭にかけて英国の隣保館事業に貢献したサミユエル・オーガスタス・バーネット（Samuel Augustus Barnett）が建てた施設である。

トゥインビユーホール建立誕生は、一九世紀英国の社会経済的背景が大いに影響する。当時の英国社会では、一八世紀末から続く産業革命の生産活動により富が増大していく一方で、生産活動から離脱せざるをえない会社、失業者も相応に増加した。その結果、富を得た資産家と労働者間で労働の矛盾から生じる衝突、暴動が英国の各地域で多発して社会的混乱を来たす時代だった。

多くの労働者は失業の増加と共に犯罪に走ったり、酒、・ギャンブルなどに溺れてしまったり、社会階級間の対立が深刻化する時勢でもあった。すなわち労働者の困窮な社会状態は、一八七〇年代に至って都市への人口集中がスラムの治安問題を表面化させる一方で、当時影響力のあった慈善活動団体に限界を抱いた社会改良主義者、社会改良思想家が数多く現れる契機にもなった。

社会改良主義者

このような社会的、経済的背景の中で英国初期のセツルメントワークは、サミュエルバーネット（Samuel Augustus Barnett）を含むカーライル（Thomas Carlye）、ジョンラスキン（John Ruskin）、トーマスグリーン（Thomas Green）等のような宗教的動機による「社会的理想主義」を掲げる人たち（阿部志郎、『福祉実践への架橋』海声社、一九八九）、又は後に社会改良主義者であり、ロンドン失業救済協会の代表的人物だったエドワードデニソン（Edward Denison）等が中心となって隣保事業活動を広めた。

エドワードデニソンとは、産業革命後に都市発展の中で生じた矛盾やブルジョア労働者の差異に衝撃を受けて、「貧困の解決は慈善事業の組織化だけでは解決できない、社会改良が必要である」（高島進、『社会福祉の歴史』ミネルヴァ書房、一九九五）と、主張した人物である。一方、サミュエルバーネットはトインビューのホール設立趣意書の中で、労働者の状態がそれまでの慈善事業家の考えていたように道徳的欠乏によってではなく低賃金、長時間労働、医療の貧困、老後の不安、住宅状況等からもたらされることを指摘した。そして「何事かが法律又は社会によってなさねばならぬ」と言った一般的な主張ではなく、「何が私にできるか」という問いかけとしてセツルメントを始めたと述べている。（金範洙、『韓国の地域社会福祉館の発展過程』弘益齋、

一九九五）

結果的に、彼らの活動は一方で教育者、宗教家を動かし、もう一方では大学の学生を動かし、遂には貧民窟改善の運動になり、フレドリックモリス、チャールズキングスレー、ジョングリーン、サミュエルバーネット、アーノルドトゥインビュー等、多くの有志たちを奮起させる契機になった。その活動はやがて篤志家、教育者、宗教家、経営者、政治家、学生、慈善団体など、社会の諸領域まで浸透するほど、大きな影響を与えた。すなわちトインビューホールを建立したバーネットとは、有志である仲間の一人であり、デニスンは彼の弟子だった。（大林宗嗣、前掲書、一九二一）

バーネットは貧困地域の状況を見て、その改善を社会的に対処する必要があると決心し、母校であるオックスフォード大に「貧困に関する研究」を発表して、教育関係者などに教育救済活動に協力してくれることを呼びかけた。この呼びかけに沢山の学生が賛同し、その中の一人が二九歳で若死したアーノルドトィンビュー（Arnold Toynbee）である。すなわちトインビューホールとは、彼の名前が付けられた隣保館の名称だったのである。（金範洙、前掲書、一九九五）

しかもアーノルドトゥインビューはセツルメント活動のみでなく経済学の研究を行なっている優秀な学生でもあった。高島進氏はアーノルドトゥインビューの経済学研究に関して、次のように業績をたたえている。

歴史学派の経済学の開拓者として、その当時貧困解決の問題意識から産業革命史研究を行なった。その研究は貧困の原因を個人の欠乏のせいで、救貧法の根本的打倒を歴史的に調べる立場から出発している。また、彼は貧民街の実態に直接接触することにより、社改良の必要性をより具体的に展開しようとした。これは無産階級の福祉増進のものであるが、若い年齢で他界したので、以後その事業は同志によって継承された。（高島進、前掲書、一九九五年）

要するに、トゥインビューホール（隣保館）の由来は、一八八〇年代に英国スラム街で活動して、若い年齢で他界したアーノルドトゥインビューの業績を記念して作られた施設から始まり、その志しを多くの学生、教育者、宗教家、経営者などが継承したのである。

その後、二〇世紀初頭の英国は一〇〇個以上のセツルメントが設立され、その中の三分の二がロンドンに集中し、社会改良主義者のセツルメントに与える影響度がいかに大きかったのか理解できる。彼らの思想と行動は後に英国にとどまることなく、米国、日本など世界中の国々に伝わり、隣保施設のみでなく近代の社会事業施設の設立復興にも大いに影響を与えたのである。

慈善組織協会（COS）の活動

既に前記したように、一九世紀後半英国では、セツルメントよりも一足早く始まった慈善組織協会（COS）の活動がセツルメント運動に影響を与えながら活発な組織団体へと変遷した。COS活動とは、多くの慈善団体間の連絡や調整を行いながら貧困家庭への効率的な支援を目指し、

「友愛訪問員」と呼ばれたボランティアによる貧困家庭への個別訪問運動を行なうケースワークの源流になる。

ケースワークとは、米国人のリッチモンド（Mary Richmond）が英国式セツルメントの影響を受け、それと同時にＣＯＳの友愛訪問員の活動を通じて科学的に理論体系化した個別援助技術である。リッチモンドは後に米国で「ケースワークの母」と呼ばれ、その発展により個人や家族の諸問題について様々なアプローチが試みられ、米国では有給職員のほとんどが友愛訪問活動を行うほどだった。またケースワークは、ＣＯＳ運動やセツルメント運動の影響を受けたクラブ活動やレクレーション活動等を通じて青少年の健全な育成を目指すＹＭＣＡ活動やグループワーク、後の米国式コミュニテイワークの活動にも多大な影響を与える源流にもなった。

米国のセツルメントワーク

米国では、一八八〇年代に入り産業化と共に労働者が都市に移住し始め、産業労働力を必要として外国から沢山の移民者を受け入れるようになる。しかし移民者の多くが、工業地帯、鉄道・道路周辺、港湾埠頭などの貧民街、スラム街で悲惨な生活を送って、明日が保障されないその日暮らしに転落する事例が目立った。

貧民街、スラム街の地域では、貧困と疾病が充満して教育的、文化的に期待できず、人種的、宗教、文化的背景の違いから相互理解が混乱な状況にあった。特に大都市では、資本家と労働者、支配階級と被支配階級、貴族と平民、地主と小作人、又は教育を受けた者とそうでない者等の間で摩擦・対立が激化した為、その分裂を防ぐ為にセツルメント活動が幅広く行なわれた。

著名な社会事業史研究家のウイリアムターカー（Willam Terker）氏は、セツルメントワークの役割を「人類の同化作用」（大林宗嗣、前掲書、一九二二）という表現を用いるほど、既に当時の都市社会ではセツルメントワークの同化事業、植民事業活動が懇願される程だったため、その活動は増大の一途を辿ったと考えられる。

セツルメントワークが米国で本格的に発展する契機になったのは、一八八九年ジェーンアダムズ（Jane Addams）とエレンゲイツスター（Ellen Gayes Starr）がシカゴに建てたホールハウスからである。ホールハウスは、その後一三の施設を経営する程になり、当時では規模が世界最大級とも言われるほど発展した。ホールハウスの主要事業は、婦人や少年少女のクラブ結成活動、保育院の運営、道路の掃除等や銭湯、図書館、日曜学校の運営や労働保護立法による移民保護改善等の活動がほとんどだった。

米国の社会改良家であり、セツルメントハウスの館長として生涯を捧げた社会事業家のロバートウッズ（Robert Woods）氏によると、英国の影響を受けた米国は「一八八六年から一八九一年までの五年間はセツルメント導入の時期だった」とし、その中でも特に注目に値すべき事業は「言語研修」だったと述べている。

その理由として米国は、建国以来毎年多数のアングロサクソン以外の移民等を歓迎したあまり、集団の混み合った言語で意思疎通が難しい社会状況にあったので、他民族出身の労働者の統合を図る為、または社会、国家の治安を安定させる為に、社会事業の一環として教育の諸施設を用いて「言語研修」を徹底化するしか方法がなかったのである。

米国のコミュニティセンター

このような時代的背景の中で、米国社会は社会事業の施設を多く必要とし、その代表的な施設が米国特有のコミュニティセンター式の教育的セツルメントだった。

コミュニティセンター式の教育的セツルメントとは、それまで一般的だった狭い零細民の隣保地区での活動を広範囲に及ぶコミュニテイ自治制まで伸長させて、市民社会の為にという新しい概念による教育セツルメントだった。つまり新型式の教育的セツルメントとは、工業地帯、鉄道周辺、埠頭の狭いスラム街などの劣悪な地域だけでなく、今で言う広い地域概念、地域社会で展開されるコミュニテイセンターでの近代的市民社会活動を意味するものだった。

社会事業研究者だった安井誠一郎氏は、著書（『社会問題と社会事業』三省堂、一九三三）の中で、英国セツルメントと米国セツルメント間の違いについて左記のように説明している。

英国のセツルメントが零細民区域に重点を置いたのとは違い、米国の教育セツルメントは一つの地域の住民、或は市民を対象とし人種・政党・宗教等の差別を問わず同じ公民社会人として慰安・教養、その他の多目的の為に集合する地域のコミュニティセンターがほとんどであると。

例えば、米国式コミュニテイセンターの活動は、一九〇七年にニューヨーク州ロチェスター市で初めて試みられ、部署は講演部、演奏部、市民部、図書部、集合部、運動部、具楽部、文芸部、社会部など、多目的な活動が主として行われた。活動施設の場所は当初小学校の建物が利用されたが、次第に自治体や民間団体によるコミュニティセンターの会館が増加したのである。

ロバートAウッズ氏によると、一八九一年に六か所しかなかった米国のコミュニティセンターを拠点とする教育的セツルメントは、一八九七年になると七四か所にも膨れ上がり、一九〇〇年に一〇三か所、一九〇五年に英国を超えて二〇四か所、一九一一年に四〇三か所、さらに一九二〇年代は二倍近くの七〇〇か所に増加した（大林宗嗣、前掲書、一九二二）という。

英国のセツルメント数と比較すると、米国の施設数は短期間内で急激に、しかも米国全土広範囲に発展して行ったのが特徴である。これは国内で建国以来世界中から多数の移民、労働者を歓迎したあまり、他民族社会の矛盾に一早く対応せざるをえなく、言語、習慣の壁を克服する為にセツルメントワークを奨励せざるをえなかったのである。すなわち一九二〇年代、世界中の国々を植民地化した国土面積の小さい支配者側の英国とは違い、逆に米国は広大な国土を活かして移住して来る他民族を米国式特有のコミュニティセンターに吸収定着させたのである。

このように米国式特有の多民族収容型コミュニティセンターは、英国の狭い地区で零細民を対象としたセツルメントと共に、日本のセツルメントの概念を大いに転換させ、後に日本独自型の隣保館事業活動へと移行せざるをえない契機となった。日本独自型とは、米国の主目的である多民族多言語の統合収容型コミュニティセンターの特性を受容しながら、日本は融和事業として地域住民の感化救済や矯風改善等、治安維持の安寧を図る為に広狭問わず政治性色彩の濃いセツルメント、隣保館事業活動を展開したのである。

要するに、米国の多民族収容型コミュニティセンターとは、当時の日本の地域社会が直面した在日朝鮮人の増加に伴い、単一民族統治社会を見据える同化政策の隣保施設事業活動に対して大いに影響を与える模倣の対象になったのである。ある一面、これは現代の日本社会が直面する医療・福祉・介護のみでなく、他業種全体に及ぶ労働者の担い手を必要とする多文化社会を支える外国人労働者の「福祉向上や人権啓発」（言語、就業、居住等）の福祉政策とも直結するテーマである。

四　日本における隣保館成立と歴史的展開

第一時期

阿部志郎氏の著書（『福祉実践への架橋』海声社、一九八九）によると、日本におけるセツルメントの発展は大きく二つの時期に分けられる。第一時期は一九世紀末〜二〇世紀初頭、第二時期が一九一八年米騒動〜一九三〇年までである。

まず、第一時期の一八九〇年末〜一九〇〇年初は第一次産業革命期として資本主義体制の確立期であると同時に、天皇絶対主義による社会構造と結合した体制の強化、仁慈と国民の従順の儒教倫理が日本社会を支配し始める時期だった。この時期のセツルメントは、明治維新後で人々の意識が経済組織以前の家父長制家族社会という社会構造と、残存する前近代的な封建制度による社会問題にも直面していた。

このような時代的背景の中で、日本では一八九〇年代に金井延・横井時雄・川上肇等によって初めてセツルメントが紹介された。この頃は既に英国、米国のセツルメント設立から一〇年以上の歳月が過ぎており、実際は一八九七年片山潜によって設立された東京神田三崎町のキングスレー（kingsley）館が日本最初のセツルメントとなる。注4

片山潜による kingsley 館の設立は、一八八四年欧米留学で知った英国のアーノルドトィンビューやラサルの都市改良思想の影響により、英国と同じく狭い零細民地区を対象とした市民幸福の進歩、発達を追求する基督教色彩の強い社会改良運動を完遂することだった。後に片山は救世軍や仏教清徒同志会などの社会改良主義者と共に廃娼運動を活発化させ、独自の社会改良理想像を追求した。

しかし、その後足尾銅山鉱毒事件が国民に大きな衝撃を与えることにより、片山を始めとする社会改良主義者も大きな痛手を受けてしまった。片山は足尾銅山鉱毒事件後、社会改良運動に限界を感じて社会労働運動に転換するが、日本政府の治安警察法によって弾圧されることになった。

注4　学者によっては、一八九一年岡山博愛会（米国人アダムズ）が日本初のセツルメント施設として取り上げられているが、本書では既存の研究をふまえてキングスレー館を日本最初の隣保館として掲載する。

（吉田久一『日本社会事業史の研究』）日本社会に矛盾を抱いた片山は、その後「慈善事業（社会事業）」の道を選ぶのか、それとも「社会主義運動」を実践するのか両者択一の決断に迫られ、結果的に社会主義運動家としての国際運動の道を選んだ。

一八九八年、片山はキングスレー館設立一年後に阿部磯雄等と共に社会主義研究会を開き、一九〇〇年に社会主義協会を再組織した。そして一九〇一年に社会民主党を結成したが、政府の弾圧を受けて再び渡米し、最後は共産党員として国際革命運動の指導者となった。

結果的に、片山は社会改良主義者から出発して、社会主義運動の先駆者であると同時に市民的社会事業の提唱者（社会事業家）だった。その根底には普遍的人類愛を追求した「キリスト教」心酔者であると同時に、著書「資本論」の世界を追求した共産主義思想、マルクス主義論者として生涯を終えたのである。

片山が一八九七年に設立したキングスレー館以降、日本では宗教系の救世軍の大学植民館、三崎会館、救世軍愛隣館、愛染園、四恩学園、慈光学園、光徳寺、善隣会、マハヒナ学園、慰廃園等、多くの隣保施設（隣保館）が次々に設立され、施設復興の時期に入った。

この時期の隣保館事業の特徴は、仏教や基督教、儒教等の価値観、教育観、世界観によって運営された宗教的色彩の濃い施設がほとんどで、その中でも特に英国、米国のセツルメントワークの影響を受けた仏教、基督教系列の社会改良主義者が目立った。むしろ片山のように狭い零細地域に絞ることなく、社会運動家として社会全体の矛盾に闘い続けた人は多くなかった。

なぜなら、殆どの活動家は片山のように弾圧を受けるのを恐れるあまり、社会運動家と一線画して個人的価値観に立脚した日本社会の政治的、文化的、宗教的風土に沿った社会改良活動に重きを置かざるをえなかったからである。これは西欧の思想に影響を受けた社会改良主義者が、結果的に日本当局による政治的、文化的風土に従わざるをえなかったことを意味する。

第二時期

一九一八年米騒動から一九三〇年までの第二時期は、第一次世界大戦後、一九一八年の米騒動、一九二二年の水平社運動や関東大震災などを経て、隣保館などの社会事業施設が増加した。この期間の施設は「社会連帯思想」注5の影響もあり、家族的伝統主義に台頭するかのように個人の自由・自律に基づく民主主義的体制の構築を支える理念が社会に浸透し、文化教育や実業教育、社会教育などを含む広範囲に及ぶ社会事業が発展して確立される時期でもあった。

社会連帯思想を提唱した人物は、一九〇八〜二〇〇〇年代に内務省で社会課長、社会局長として社会事業に尽力した田子一民だった。（池本美和子、「日本における社会事業の形成」仏教大学、一九九八）社会連帯思想とそれに基づく社会事業は、社会課、社会局へと機構が拡大し、後に朝鮮でも政治的、行政的に必要とされ、まもなくして朝鮮総督府内でも部署が設置された。

注5　人間の相互依存や相互扶助を社会生活の原理と考え、各人の横の関係における義務を強調する思想。フランスの哲学者コント、社会学者Eデュルケムの影響を受けた政治家レオン＝ブルジョアが政治的に提唱した。（日本国語大辞典）

この時期の隣保館の事業は、当初の社会的改良運動の教育的性格が若干継承されつつも、労働者教育を通じて大学人とか労働者の交流も頻繁に行なわれるようになった。当初民間の隣保館事業に否定的だった日本政府は、時世の要望により後に東京の王子、大井、大島、尾久隣保館など公立隣保館を設立し、大阪など、他の都市にも次々に拡大していった。（馬野精一『京城彙報』八一号、一九二八）

社会事業施設としては、隣保館のみでなく簡易宿泊所、簡易浴場、簡易食堂、図書館、市場など、他の施設も産業化の拡大と共に需要度が増加し、地方からも多くの労働者が都市に集中し、また朝鮮、台湾などからも多くの労働者が移住するようになった。移住者は当初零細地区の日本人と共に工業地帯、鉄道周辺、埠頭などのエリアで生活を送るが、後に貧困と疾病及び劣悪な地域では到底教育的・文化的に期待できず、相互理解が混乱な状況に陥ったりした。

とりわけ東京、大阪の大都市、又は神戸、京都等関西圏から瀬戸内海沿岸を経て北九州に至る港湾都市では、資本家と労働者、支配階級と被支配階級、貴族と平民、教育ある者とない者、地主と小作人等の間に摩擦やひどい対立闘争が多発し、政府、自治体はその収拾に長い時間を要して一刻も早く収容する施設が必要な時期でもあった。

当時日本には、当時約一〇〇〇か所の公私施設団体があり、東京府（現東京都）だけでも一三〇の救済事業の施設があった。但し、東京府（現：東京都）では各団体に対しての情報を統一する連絡網がなかった為、多くの官民間、団体間での摩擦や対立が多発していた。その時に設立された団体が東京府慈善協会（後に東京府社会事業協会）であり、後に収拾の一環として社会事業連絡統制機関が設置された。それにより情報の統一連絡網が図られて、隣保館の施設数も増加して行った。

社会福祉史家の池田敬正教授によると、一九一六年～二五年までの隣保数は四三か所で、それ以前の施設を合わせると五〇か所前後になる。四三か所施設の経営主体を見ると、宗教団体系列が多く、仏教一三か所、キリスト教一〇か所、それ以外にも二〇か所の施設が存在したようだ。主体は一〇か所自治体、半官半民八か所、大学二か所、その他二か所で施設が運営された。しかし一九三一年になると、日本での隣保館数はさらに数年で二倍の一一三に増加し、池田教授は一九一八年から一九三〇年までの期間を「隣保事業の生成期」と述べている。（池田敬正『日本社会福祉史』、法律文化社、一九八七）

隣保館内での職業紹介所

この時期の隣保館の特徴は、関東大震災後に総合的事業部から部分的隣保事業への移行があげられ（上杉直三郎、一九二七「視察雑感」『朝鮮社会事業』第五巻第一号）、大部分の隣保施設は東京、大阪など大都市に集中した。その中でも大阪など関西エリアは朝鮮と距離も近くにあった為、密接な関係を要する多くの朝鮮人労働者が渡日した。特に職業紹介所を利用して渡日する朝鮮人が多く、一九二七年五月になると朝鮮人の人口は五六万に達し、それに沿うかのように隣保館が次々に設立され、公設の職業紹介所だけでなく隣保館内での職業紹介所を利用する人々も増えた。（『朝鮮社会事業』第五巻五号、一九二七）

一九二六年の「職業紹介所」統計（『朝鮮社会事業』第四巻一〇号、一九二六）によると、この当時日本全国には一八九か所の職業紹介所があった。地方別に分けると、北海道八、神奈川九、東京三七、大阪二二、兵庫八、広島、三重、静岡等があげられ、職業紹介所には、日本人のみでなく渡日した多くの朝鮮人が窓口をたたいた。

朝鮮人在留者の出身地は、慶尚地方よりも全南地方が一番多かった。全南地方は全体の三分の二に達し、内鮮融和の経由地点である山口県や関西に至る瀬戸内海沿いに隣保施設が多く設立され、渡日する朝鮮人が収容地として利用した。しかし大都市、或いは都市近辺の鉄道、道路、港湾埠頭に設置されるあまり、相対的に農村漁村などの地域社会に設置されるのは極めて少なかった。初めは私営による設置が大多数だったが、後に市営或いは府県市社会事業協会で経営する公設が増加した。

このように隣保館増加の第二時期は、社会改良主義運動による民間の教育的性格が継承されつつも、政治的、財政的に半官半民へ移行する施設が増加されることにより施設の性格自体も多様化した。それと同時に国家の末端機関としての役割が大きかったのもこの時期の特徴の一つで、「貧民同化」「零細民同化」「社会同化」という思想的意味合いを含んだ隣保事業は、一九三〇年代に入ってからも日本国内で継続して時代的、社会的要望により増加したのである。

Ⅱ章　朝鮮における社会事業の始まり

一　社会事業の始まり

近代の社会事業は、一八世紀産業社会の潮流の中で社会の困窮、集団的発生に応じて作られたものであり、従来の恩恵的、慈善的救済事業による個人的困窮はほとんど対象としていない。たとえ個人的困窮を対象とする場合でも、個人の問題としてでなく社会全体の問題として取り扱う事業だった。近代の貧窮害悪の除去は社会が負担すべきであると同時に、社会共同の福祉を増進する精神を必要とし、共振公営の実現を期しようとするものだった。（具滋憲『韓国社会福祉史』弘益齋、一九九一）

社会事業の大別

社会事業史家の谷山恵林氏（「仏教社会事業史」『佛教大学講座』仏教年鑑社、一九三三（昭八））は、一九二〇年代朝鮮の社会事業を三つの施設事業に大別された。

一　貧困に陥っている者を救済する救貧施設（救貧事業）
二　現在の社会機構から貧困での転落を防止する防貧施設（防貧事業）
三　少・積極的に幸福を増進させる福利施設（福利事業）

三つの事業の特徴を比較すると、

まず一つ目の救貧事業は、自活能力を失った社会層を対象として行う事業で、敬老、育児、軍事、救護等、従来の貧しい人に救いの手を差しのべた。慈善事業のほとんどがこの方面の事業に属した。慈善事業はどちらかと言えば、政治的、社会的な動機と言うよりも人間的、家族的、倫理道徳的、或いは宗教的動機による活動が多く一九二〇年前後まで続いた。

二つ目の防貧事業は、救貧事業に比べて社会層の範囲が広まり、その種類は公設宿泊所、公設浴場、住宅、簡易食堂、共同洗濯所、公益質屋等の供給、職業補導・人事相談・診療事業・託児事業等の児童保護、少年或は釈放者の保護事業等が挙げられる。西欧では、産業革命後に失業対策の一環として社会の問題としての対応が叫ばれ、一九世紀後半に増加して、それが後に日本や朝鮮、台湾に入って行った。

三つ目の福利事業は、産業組合・貯金奨励、ないし図書館・音楽館・修養館・社会館・運動場、そして本書副題目の隣保館等の社会教育事業に重きを置いた教化施設をさすのである。

一九二〇年代の社会事業研究者である生江氏は、右記の救貧事業と防貧事業の違いをあげながら社会事業の基本的な考え方を述べている。

社会事業とは、「社会の共同福利思想に依拠して既存の時代の文化的基準に適応させ、正常的な社会生活を維持して擁護することを目的とした組織的活動の提示と解決を主張する。社会事業は社会を背景とした事業であり、個人が貧困状態に陥っても個人を個人として見な

いで社会の一員として見るのが重要である。」(生江孝之『朝鮮社会事業』第一四号)、一九二四)

つまり一九二〇年代に入り、ようやく社会事業とは個人の問題を個人だけにとどめるのではなく、社会の問題、社会全体の問題として受けとめなければならないと解説している。

このように社会事業に対する生江の基本的な考え方は、当時の資料だけでなく、研究者や行政人、直接施設の現場で携わった民間の社会事業家や一般人にも多く見かけられた。それまで大半だった救貧事業が、朝鮮でも日本と時期を同じくして一九二〇年頃から個の問題を個の問題として受けとめるのでなく、世界的思潮に沿うように社会全体の問題として捉える防貧事業へ移行するようになったのである。

民族意識と民族覚醒

一九一九年三月一日、朝鮮京城府(現ソウル)のパゴダ公園(現タプコル)で民衆による日本政府に対する民族意識と社会覚醒の象徴である三・一運動(独立万歳運動)が起きた。三・一運動は一九一八年一月、米国ウイルソン大統領が発表した「十四カ条の平和原則」に触発された李光洙[注6]ら留日朝鮮人学生たちが、当時の神田韓国YMCA会館(現東京都千代田区神田)に結集して「独立宣言書」を採択したのが起点となる。

この時の独立宣言書は、後に金眞常が民族自決の意識の高まる朝鮮に持ち運んだ後、一九一九年三月一日泰和女子館（ＹＭＣＡ）前で各宗教指導者三三名が三月三日の高宗の国葬に向けて「独立宣言書」を朗読して万歳三唱を行なうものとなった。この日を界に朝鮮では、一年以上に及んで民族独立運動が全国至る所で展開され、延べ二一二郡で蜂起が起きた。

朝鮮民衆の対応に苦心した朝鮮総督府は、独立騒動後に一九一〇年から続く武断政治から一変して文化政治を標榜し、集会や言論、出版に一定の自由を認めるなど、民衆の民族的覚醒と独立運動の高揚に対処して民心緩和の方策である文化政策、文化事業へと大転換した。その社会的憤懣の要求に応ずるかのように、朝鮮総督府は文化政治の一環として社会事業の政策と社会事業にも重きを置かざるをえなくなったのである。

それまで朝鮮の社会事業は、殆どが救貧者に対する民間の救済事業だったが、当局の文化事業、文化運動の奨励も影響してか、次第に民間や半官半民による福利事業や社会全体で防ぐ防貧的社会事業が増加した。「社会」という用語自体が朝鮮社会で使用されたのもこの頃で、それまでは思想的に反日本帝国、反国家主義の反逆用語として弾圧の象徴名称だった為、当初の「社会事業」という用語は中々使用されなかったのである。

注6　李光洙（一八九二〜一九五〇）朝鮮の文学者、思想家。朝鮮近代文学の祖。
「（李光洙は）民族意識を目覚めさせ、普及させた代表的知識人として韓国の近代文学を開拓し…絶望の中でも民族とは永遠なる海のような存在であり、朝鮮民族は再生するのだ。勇敢な文明人として生まれ変わることだけが、民族再生の道だ」と説いた。（李栄薫『反日種族主義との闘争』文藝春秋、２０２０）

写真８　旧朝鮮総督府が建立されていた、現工事中の慶福宮正門（2023）

しかし、一九二〇年代に入ってからは朝鮮社会でも徐々に社会事業という名称や諸事業の内容が注目されるようになった。独立騒動により朝鮮の憤懣を痛感した当局は、社会の時世の波動を受けて皇民化の為に朝鮮人の民族意識、民族感情を和らげ、生活重視の社会事業政策を積極的に推進するようになった。

西欧のように植民地支配における社会事業の経験と知識が欠如する日本は、当初朝鮮で独自的に社会事業を行うというよりも日本本土や台湾植民地で実施して成功した社会事業政策、または諸事業を模倣したり、又は民間の社会事業家の資金と活動の協力を得ながら基盤を固めて行った。これはある一面、本来西欧が備え持つ民主主義と社会連帯思想が日本国家主義経由によって培われた社会事業政策を日本独自の社会事業政策へと転換させることを意味することでもあった。

すなわち、日本の社会事業政策は近代の西欧列強に対抗して天皇中心による神国を見据えて編成した組織体制の中に朝鮮、朝鮮人を取り囲み、日本独自の歴史、宗教、文化と融合する価値観、国家観の意味合いを持つ植民地朝鮮へと変遷させるものだったのである。

つまり、日本当局の目的は当時儒教的倫理観の根強い朝鮮社会でも日本人と同じく天皇中心主義を重んじ、主と民の忠義思想の下で民と民の相互扶助を第一主義とし、植民地皇民統治をより合理的に推進させる為に支配被支配上下に基づく社会事業思想を注入させることだった。これは朝鮮を一独立国家として見ているのではなく、どこまでも新しい日本国領土外地の一地域として同化・統合する為に官民一体による社会事業政策や社会事業の諸事業の実施が目的であったことを意味する。

社会階級分化

一九一〇年日韓併合以降、朝鮮社会は土地調査事業、林野調査事業、金融・貨幣制度の整備、会社令等、日本制度による経済移植が断行され、食糧や原料供給地、商品販売が日本市場に編制される時代に入った。これは日本政府の植民地統治政策の一環として、朝鮮の経済構造の仕組みを日本国の一地域として法的に編入させる為の整備事業であると同時に、農業経済が安定して工業生産力を拡充させ、経済構造全体の発展の為の諸事業だった。

しかし、その一方で日本によって難題とされる生産活動の数値目標が朝鮮農民にも突きつけられることになり、日本の前近代的な農業生産力の停滞を量的に補充する性質へと変質させられることになったのも事実である。その結果、土地収奪や反封建的小作制度の再編成組織が実施されることにより、朝鮮人の生活に苦痛を与える制度（柳珍錫『日帝　植民地時代の貧民政策の特性に関する研究』ソウル大学校大学院社会政策専攻修士学専攻、一九八九）となった。

実際、併合前の一九〇六年から一九一八年まで一三年間に及んで施行された「土地調査事業」と一九二〇年代に実施された「産米増殖計画」による被害は、とても大きかった。特に「土地所有調査」「土地価格調査」「土地の地形・地貌調査」を中心に実施された「土地調査事業」は、朝鮮全土の農業社会の根幹を震撼させるほどの農業政策事業となった。（尹晸郁『植民地朝鮮における社会事業政策』大阪経済法科大学出版部、一九九六）

日韓併合後に強行された朝鮮の「土地調査事業」は、門戸開放以後農民によって強力に実施されて来た農民的土地所有制を抑えると同時に、日本の近代地主制度を強化させて新しい農業技術を注入させるものであった。しかし既に述べたように、土地調査事業は朝鮮社会の伝統的な前近代的農業組織の秩序に矛盾と混乱を招来させたのも事実であり、中小地主的、自作農的農民の成長を妨げ、長短問わず彼らの立場を小作農民へと転落させる政策でもあった。

さらにその事業を後押しするかのように、「産米増殖計画」の場合は朝鮮の産業構造自体が日本本土に安い食糧を供給できるように作られた制度だった為、穀物の価格は豊年、凶年を問わず最低価格が設定されてしまい、農民の中でも自作農・自小作農・小作農関係なく格差をもたらし、その結果農民の中で負債額が増える人も続出したのである。特に小作農の場合は、負債額を全く払えず破産してしまったり、いわゆる夜逃げをする人も現れ、後に火田民や土幕人になったり、都市に出て行って日雇い労働や乞食に転落する者も増えて、その対応で社会事業が叫ばれたので

ある。（姜萬吉『日帝時代貧民生活史研究』創作社、一九八七）

要するに、当局の「土地調査事業」と「産米増殖計画」が朝鮮における大量の食糧を生産する契機となり、朝鮮から日本に輸出されることによって支配者側の食糧問題を解決することに寄与した一方で、朝鮮社会で食糧問題を惹起させる社会問題の原因にもなり、伝統的な農業社会の構造崩壊と共に朝鮮民衆の窮乏現象を深化させる契機を生み、流浪民、火田民、土幕民と言った社会現象を加速させる結果を招いたのである。

〈表一〉京城府の土幕民の推移
（単位：千戸、名）

年度	戸数	人数
1928	1,143	4,803
1931	1,538	5,093
1933	2,870	2,902
1934	2,902	14,179
1935	3,576	17,320
1937	3,248	14,993
1938	3,316	16,644
1939	4,292	20,911

（河相洛編『韓国社会福祉史論』傳英社、1998）

京城府の土幕民

前記の〈表一〉は、一九二〇年後半から三〇年代後半まで京城府の「土幕民推移表」である。この土幕民の推移表は、京城府内の土幕戸数と土幕民の人数の形成過程を明らかにしたもので、一九二〇年代後半と一九三〇年代後半を比較すると、その数値上昇率は四倍以上にも及んでいることから当局の農業経済政策事業が如何に朝鮮社会で没落農民を発生させていたのか、朝鮮人の生活実態の深刻度が理解できよう。

朝鮮では、一九二〇年代から一九三〇年代に入ると産業数が増加し、離農民の中には都市地域で日雇い労働者になったり、施設工事の鉄道敷設・港湾施設・建物工事・道路工事・修理事業等の工事労働者になったり、後に京城府内にある産業工場で生活基盤を築いて戦後に繋げていく離農民もいた。また、それ以外にも満州や日本等の労働市場に出て行く離農民や商人及び事業家として成功する離農民が増加したりした。

しかし〈表一〉でもわかるように、京城府における産業の施設数が発展して雇用が増えれば増えるほど、その一方で競争から脱落する離農民も多く続出したのも事実だった。その要因としては、日本人を雇用する会社が多かったからであり、又は朝鮮人の中でも格差が存在して転落する一般人も多かったからだと考えられる。

尚右記の表と数的に異なるが、近代史研究者の姜萬吉教授の調査（前掲書）によると、一九三二年京城府内における土幕民数は右記の数字よりも約二倍三〇〇〇名程多い八〇〇〇余名（二〇〇〇戸）に達したようである。

すなわち一九二〇年代後半以降の京城府は、まだ沢山の労働力を受容するだけの産業構造に至っておらず、むしろ多くの離農民が宿のない低賃金の日用労働者、又は行旅浮浪者、乞食等に転落した下層貧民が増加した。後にほとんどの困窮者は、衣食住の安住を求めて京城府を始め各都市へと群がり、その中には灌漑地のある河川、堤防、城壁等に土幕を作って居住する離農民たちが増加したのである。

土幕民については、特に京城府内の至る所で散在して社会的問題にもなっていたので、京城府社会課は解決策の一環として後に京城府に合併された京畿道高陽郡の阿現里（現ソウル市西大門区）に位置した二万坪の土地を買い取り、土幕民を集団移住させる計画を立てたてたりしたのもあった。この事業に関しては、日本の浄土宗が運営する和光教園が中心的に責任を受け持ち、教育、教化、授産などの各施設事業を行なったりした。

全国の行旅浮浪者

また、〈表二〉の統計表を見てもわかるように、一九二〇年代後半から三〇年初頭まで全国行旅浮浪者人数が増加している。この時期は世界恐慌の影響で失業者が急増し、〈表一〉と同じく離農数の中でも特に行旅浮浪者が多く続出した時期でもあり、国籍の内訳は記載されていないが、凡そこの時代に朝鮮人の権限の少ない階級社会に亀裂が大きく生じたと考えられる。

〈表二〉1927－1931年
全国行旅浮浪者人数
（1931年8月調査、
単位：名）
出処：柳珍錫

年度	人数
1927	46,299
1928	51,980
1929	58,089
1930	58,204
1931	53,939

前記でも明らかにしたように、一九二〇年代後半の朝鮮農村社会は一九一〇年代の土地調査事業、一九二〇年代実施された産米増殖計画の影響によって大きな社会階級の分化が起きた期間である。中小地主、自作農、少作農等の農村中間層の成長、雇用の創出を後押しする農業政策、農業事業であると同時に、新しく居住して来た日本人所有者と朝鮮人地主、小作農が分化される期間でもあった。

つまり農民社会の階級分化は、前近代的に行われた地主と農村中間層の関係を近代の組織体制社会に移行させる反面、農村社会の没落農民の増加により大量の離農現象をひき起こす直接要因になったのである。

二　文化事業

民心緩和策

一九二〇年代、朝鮮社会では、当局の社会統治をより効果的に推進する為に諸事業が展開された。一九一〇年代の武断政治とは違い、一九二〇年代の文化政治では社会事業や文化事業に転換する政策が多くなり、その結果社会の感化救済や矯風改善等、治安維持に向けて日本で増加する職業紹介所、公設公益市場、人事相談所、公設公益市場、公設食堂、公設浴場、図書館、労働宿泊所等、経済的福利事業が次々に設置され始めた。

こうして時代的、社会的要望もあり、社会事業のみでなく文化事業の諸々の政策や事業を社会に注入し、当局は融和事業の一環として政治的覚醒と大衆的次元の運動の高揚に対処して「民心緩和策」を推進されたのである。

「民心緩和策」は以下の四点があげられる。

一つ目、両班儒生等を回避する為の郷校財産管理規則の改定、墓地規則改定等。

二つ目、官公吏等に対する待遇改善任用拡張。

三つ目、地主、資産家等を回避する為の会社令の撤廃、中枢院の改革、地主制度等。

四つ目、宗教人、教育者等に対する布教規則の改定、宗教団体の法人格の認定、私立学校規則の改定等。

その他にも朝鮮民族の運動を緩和する為に武官制撤廃、弾圧の緩和、教育施設の拡張等、以下の三つの制度が推進された。韓国語なので参考文献から抜粋。（李玉卿『日帝下「文化政治」의 본질에 관한 研究』이화여대 석사학위논문、一九七四）

一つ目、総督武官制撤廃、制服着用の憲兵警察制撤廃等。
二つ目、言論、出版、集会、結社などに対する弾圧の緩和。
三つ目、教育施設の拡張などの諸般改革。

右記の七つの内容を精査して見ると、民心緩和策とは植民地朝鮮社会の民心を根底から支配する為の制度であり、武断撤廃、言論の自由、近代の教育を取り入れようしたのは社会的背景の要求に対処する文化政治だったからであり、植民地統治を早急に推進する為に政治と社会に憤懣を抱く民心を取り囲み、法制度、社会治安を脅かす階層を根底から緩和させる為の政策だったからである。

文化運動

朝鮮社会では、三・一運動を契機に当局が「文化政治」を標榜して、朝鮮人の意識を「文化運動」の方向へ転換させることにより、民心緩和の為の社会教化運動が広まった。これにより朝鮮人・日本人間で宗教運動、修養運動、青年運動、生活改善運動、農村啓蒙運動等の活動が、京城府のみでなく全国津々浦々の地域社会で展開された。

例えば、宗教類似団体の調査表（編集者『朝鮮社会事業』第四巻九号、一九二六）によると、朝鮮人の宗教運動は社会の矛盾を収拾するかのように正道教と普天教など二一個の新興宗教が次々に設立された。この当時の新興宗教数を合計すると、二七個の団体が存在し、その中の二一団体は一九一九年から二五年の間に設立され、信者数では天道教と普天教が一番多く、団体系統では東学系が九団体、大宗教一団体、儒生系二団体、檀君系二団体で、その他にも八団体の民族宗教が存在した。

このように一九二〇年以降は宗教運動を含む朝鮮人の文化運動の諸集会が多くなり、民族の覚醒運動も全国的に広まった。しかしその一方で、当局による言論、集会、講演、結社弾圧の件数、又は摩擦、対立が増加の一途を辿り、その要因などの調査を当局管理下の連絡統制機関網の朝鮮社会事業研究会が担ったりした。これは当局が文化運動の広がりが韓国人の民族心の火種と繋がるのを恐れ、社会事業研究会を通して地域ごとの取り締まりを徹底化させたとも考えられる。

言論の圧力を受けた記事内容を調べると、「朝鮮独立、抗日テロ工作、独立軍、海外独立志士の抗争、或は労働運動、農民運動、社会主義運動」等があげられる。特に弾圧の多い団体は朝鮮人の運営する青年団で、組織的に活動が展開された。例えば、一九二〇年に創立された朝鮮仏教青年会の活動が目立ち（金光植『韓国近代仏教史研究』民族社、一九九六）、一九三一年朝鮮仏教青年總同盟に変わる時まで仏教青年運動の中心的役割を果たしている。

しかし、青年運動の資金不足や運動推進の過激さ故に仏教界内外からの批判や敬遠、或いは一部本山だけ参与する組織基盤が取りざたされたが、各お寺に対する住持階層圧迫の理由の為、それ以上は影響を及ぼすことが出来なかったようである。

一方、民族宗教である天道教と基督教青年の運動は、後に独立の威勢を掲げるほどの力を持つに至った。これは天道教、基督教の独立運動家が独自の活動組織を朝鮮内だけでなく海外まで展開したからであり、特に満州に居住する民族活動家が在満朝鮮族の活動基盤を強固に築いていたからである。また天道教、基督教等は、二〇年代末から「乳幼児愛護運動」などを進め、その中心的な役割を天道教少年会や朝鮮少年運動協会が担ったりしたからである。

このような運動は、一九一〇年代前後に京城孤児院を設立した儒家教育者の李芿和の運動や、後に代表者となる尹致昊の社会主義運動の一環として行われた児童啓蒙運動や少年運動とも間接的に繋がっており（송경옥『일제시대한국인의 사회복지에 관한 연구』, 서울대학교 석사학위논문, 一九九二）、たとえ対日協力者であっても当局は朝鮮人だけの大衆運動団体の組織化を警戒して、いろんな取締り対策を講じて規制したのである。

とりわけ一番弾圧を受けていた団体は、合法的な結社として立ち上がった朝鮮青年総連盟、南鮮労働総同盟、朝鮮農民総同盟などの「三總同盟」が標的となり、「三總同盟」は一九二七年以来、当局から継続して集会禁止を受けていた為、他の団体組織との連携は容易でなく殆どが制限された活動に留まった。

以上のように、一九二〇年代の文化政治は西欧、日本の近代の社会事業を朝鮮にもたらす一方で、朝鮮人に「民族心」を根付かせる覚醒と独立運動を広範囲に伝播させる契機にもなった。そのこともあってか、当局は朝鮮人の政治的覚醒や日本に対する抵抗、団体の活動を抑制する為に、大正デモクラシーの社会的思潮を背景に植民地の同化事業を融和的に標榜し、日本でも実施された実業教育や学校教育、または朝鮮での日本宗教の普及、優良部落・団体等、親日運動の助長、或は雑婚奨励等、ありとあらゆる文化的同化の思想教育を推進したのである。

Ⅲ章　社会事業法による地域社会の統制

一　社会事業監督機関

朝鮮総督府・京畿道・京城府の三行政組織

京城府で社会事業を行なった監督機関は、大別すると朝鮮総督府、京畿道、京城府の三行政組織になる。日本政府は事務分掌規程により、総督府に社会課、京畿道に調査係、京城府に社会係をそれぞれに設置して、各機関の職権に基づき社会事業の監督を行なった。一九一〇年代、当初は総督府、道、府内で公私社会事業団体の活動、月報、季報、年報等の報告を行ない、その内容に準じて適当な補助金を拝呈したりした。（山本貫一『朝鮮社会事業』第一七巻、朝鮮社会事業研究会、一九二四）

まず始めに、一九一〇年日韓併合以後、朝鮮総督府は社会事業の行政管理を総督府内務部地方局地方課にまかせ、救血及び慈善事業に関する事項を取り扱った。一九一二年三月、朝鮮総督府は内務部地方局に第一課及び第二課を置き、社会事業全般に関する事務管理を第二課に任せ、その後一九二一（大一〇）年七月に内務局第二課を独立した一課として分離させ、朝鮮半島の社会事業の指導連絡統制を図った。（山本貫一、同掲書、一九二四）

朝鮮総督府の社会事業は以後この制度化の下で継続的に実施され、一九三二（昭七）年二月から一般的な行政整理により社会課を学務局に移管させた。事務処理は社会事業に関する事務と従来の学務課所管である社会教育に関する事務、及び宗教と古積等の事務に各々分けて処理した。

この頃の社会課の職員数は、総統府事務官一名、兼一名、本部属五名等、嘱託八名、同雇員一三名、総二九名が従事した。（総督府学務局社会課『朝鮮の社会事業』一九三三）

次に道では、一九二一（大一〇）年本部に社会課を設置すると同時に、内務部に社会課を設置して道内社会事業の指導統制を行ない、一九二四（大一三）年行政の事務整理により社会課を廃止して、内務部地方課に社会係を置いて社会事業関係の事務連絡を取り扱った。

京城府含む全国の一二府行政区域は、各道内の中に含まれることにより京城府も京畿道の行政区域に入った。その後、京城府は従来内務課内に社会係を設置したが、時勢の推移にあわせ次第に社会事業の必要性が叫ばれ、一九三二年六月に社会課を新設した。その他の道と府では、社会事業の事務は内務課又は内務係で処理されて、各郡島では庶務係が担当した。（総督府学務局社会課、同掲書、一九三三）。

京城府の管轄区域整備

一九一〇年一〇月一日、総督府は総督府令第一号として「府・郡の名称及び管轄区域を公布して、当局の地方制度による社会統制が始まった。その後一九一一（明四三）年四月十一日、京畿道が道令第三号を公布して京城府の部面の名称及び区域を定め、同日に五部八面制が施行された。（京城府『京城府史』第二巻、一九三四）

京城府の五部八面制は、左記のとおりである。（ソウル市城北区、『城北区誌』、一九九三）

五部は東、西、南、北、中部の五部三五方、八面は龍山面、西江面、崇信面、豆毛面、漢芝面、恩平面、仁昌面、延喜面とし、八面二〇七個の洞・里を施行した。その後、京城府の府面制は五部三五方、八面六六一洞・里を施行し、その面積は約一六方里ぐらいになり、部には部長、面には面長を置いた。これらすべては判任官待遇でおこなわれ、府尹の指揮監督を受けて部・面が各々業務を担当した。

また、朝鮮総督府は一九一三年一〇月から一四年四月にかけて地方制度改革を大々的に断行して、一九一四（大三）年三月一日と四月一日を期して一斉に府政の実施に動いた。一九一四（大三）年四月一日の行政区画は、全半島で道一三、府一二、府の他に二二〇郡、府郡の下に二五二二面を置いた。但し、忠清南道、忠清北道、黄海道、江原道の四道には、府を置かなかった。（京城府『京城府史』第二巻、一九三六）

この時、府の下の面は廃止され、居留民団、各国居留地会なども廃止されたが、新たに一九一七年六月、制令の面制を制定して同年一〇月に施行された。行政区画たる面の区域に地方団体たる面が設けられ、その内の一部を指定面として事務権限の範囲において優遇された。しかし、一九一九年三月全鮮に朝鮮独立運動が起きたので、総督府は諸管制改正により警務総監部及びその出先の警務部を廃止した。総督府内局の警務局および道知事（道長官）部局の警察部を置き、一九二〇年七月地方制度を改正して朝鮮全域の統制を緩和させた。（姜再鎬『植民地朝鮮の地方制度』一九九九、東京大学博士論文）

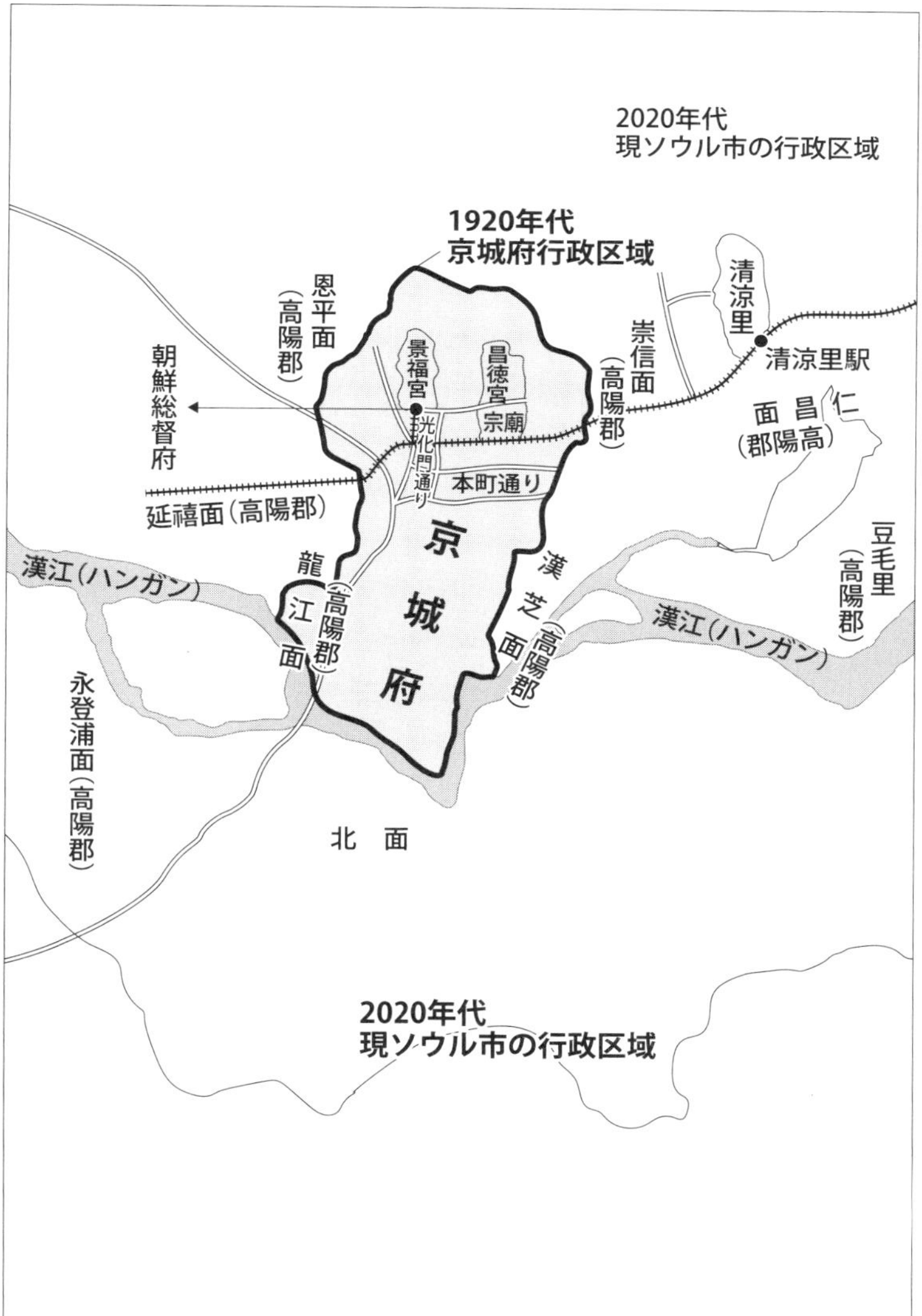

地図１　京城府及びその周辺地図（京城府『京城都市計画調査書』昭和３年）

尚、この時期京畿道を含む当時の全国の道の行政区域は、左記のとおり一三道となる。（京城府、前掲書、一九三四）

〈全国一三道〉
京畿道、忠清北道、忠清南道、全羅北道、全羅南道、慶尚北道、慶尚南道、江原道、黄海道、平安北道、平安南道、咸境北道、咸境南道

また、全国の府の行政区域は、左記のとおり一二府となる。（ソウル特別市編纂委員会『ソウル行政史』一九七七）

〈全国一二府〉
京城府、仁川府、釜山府、馬山府、大邱府、木浦府、群山府、平譲府、鎮南浦府、新義州府、元山府、清津府

地方制度の改革断行

ところで、このように当局が朝鮮で地方制度の改革を断行した理由は、一体なんだろうか？

朝鮮総督府『京城府史』（一九三四）によると、その理由が左記のように述べられている。

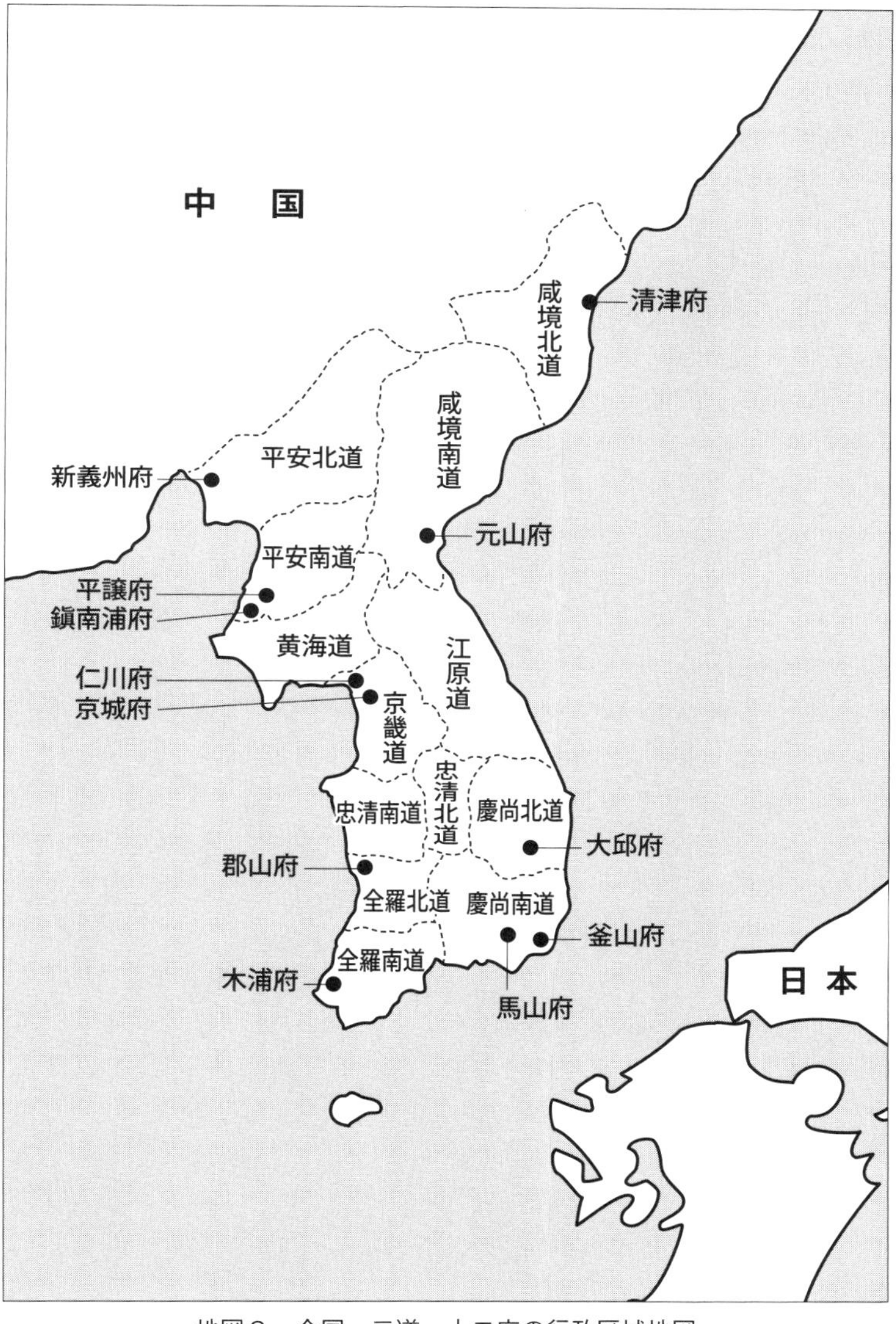

地図２　全国一三道・十二府の行政区域地図

一つ目、従来の府郡制を廃止して、府を都市行政の基本単位として日本居留民団と各国の共同租界を廃止して、地方行政の一元化に期すること。

二つ目、従来日本居留民団が持っていた財産中収益性のある実利的なものは、すべて日本人教育の為の学校組合に収められた。居留民団が抱えていた負債中殆どの部分は府に承継させることにより、日本人の負担を大きく和らげさせる一方で、これを韓国人の負担として転嫁すること。

三つ目、郡と面の大々的な廃置分合を通して郡と面の数を大幅に縮小せることにより、統制力の強化、警備の削減を図ること。

つまり地方制度の改革断行の過程の中で、一九一三年一〇月三〇日（制令第七号）府制、一二月二九日（第一一一号）道府郡の名称・位置・管轄区域の施行により市街地の町洞名を変更し、具体的に〇〇町、〇〇通等と改称され、その統合数は一八六町洞丁目となって具体的に日本式の組織へと組み込まれた。（서울시편찬위원회『서울行政史』서울역사총서、一九九七）

一九一四年四月一日の告示第七号によると、結果的に京城府の名称・管轄区域は以後一九三六年二月一四日（府令第八号）京城府の新しい管轄区域の変更が発表される時まで施行され、この頃から従来「町・洞・通・丁目」と呼ばれた名称が「町」に統一されることになり、それが全鮮の隅々まで展開されるに至った。（京城府『京城府史』第二巻、一九三四）

こうして一九一〇年代、朝鮮全土における地方行政制度の抜本的な改革断行の下で、京城府及び地方の行政区域と部面名称等の整備が行なわれることにより、中央の組織体制に組みこまれた行政一元化が敷かれることになったのである。

二　社会事業の連絡統制機関

一九二一年四月、朝鮮社会事業研究会は全国の社会事業の連絡統制機関として社会事業関係者、及び官民一〇〇余名の主唱下で設立された。

当事務所は、朝鮮総督府内の社会課と全国各道庁内の地域事務所に各々設置するや否や、すぐに総督府内の社会課は日本赤十字社朝鮮本部内を経て一九二五年に京城府立図書館内に移動した。一九二九年一月、朝鮮社会事業研究会は正式に財団法人朝鮮社会事業研究会に改称されるが、これは一民間組織から政府の直接的な影響を受ける公館組織への移設を意味するものだった。

朝鮮社会事業研究会の目的は、朝鮮全土の社会事業連絡統制網を監督することである。具体的な事業としては、社会事業の広報として社会事業の研究、会員相互の親睦において毎月一度の定例会や講演会を開いたり、住民や地域の生活実態を調査したりした。その他にも児童の年中行事として児童慰安運動会を開催したり（編集者『朝鮮社会事業』第四巻一一号、一九三六）、全国諸各誌を遠遊する児童委員会を開いたり（編集者「雑報」『朝鮮社会事業』第一二号、一九二二）、又は中産階級以下の人たちを対象とする診療費救済として実費診療所を設置したりして（早田愛泉『朝鮮社会事業』第四巻一二号、一九二三)、社会事業の意義や活動内容を周知させる役割を担った。

社会事業研究会の活動方針としては、総督府、京畿道、京城府、行政との連携を図る活動を行ない、組織の協会長には政務総監、副会長には学務局長、幹事には社会課長の職にあたるものが選任された。また各道の支部長には各道知事が選任され、副支部長に内務部長、支部幹事に道地方課長が置かれ、さらに当局の影響を受けることとなった。

会員は普通会員、名誉会員及び賛助会員の三種に構成され、一九三二年には会員数二七二八名に達するぐらい規模が拡大した。(総督府学務局社会課、前掲書、一九三三)その後も事業の幅は広がり、活動領域も定員増員と共に朝鮮だけでなく台湾、満州、樺太など東アジア広範囲に及んだ。

会員の職種には、社会事業実務に従事している人や官吏、商人、教育者、新聞記者、雑誌の経営者、社会事業家、宗教家、実業家等、多種多様な異業種関係者が参加するほど相互連絡の可能な大組織へと成長(早田伊三「社会事業に貢献せる我が会員」『朝鮮社会事業』第三巻一一号、一九二五)した。その結果、当局からの指示による社会事業の情報伝達網が全土の地域社会の行政末端の隅々まで浸透し、より住民の指示指導の監督が可能となった。

機関誌『朝鮮社会事業』の目的

一九二三年、社会事業研究会は社会事業機関誌『朝鮮社会事業』を刊行して、民衆の思想的啓蒙活動を行いながら総督府、道府、或は社会事業施設団体の活動を多くの人に宣伝して、朝鮮全域の統治を後押しする役割を担った。後に、『朝鮮社会事業』は社会事業の他に諸分野を包括する全国情報機関紙として認知され、民心教化増進の為に、多大なる思想的広報を担うようになった。

例えば、当時の資料（『朝鮮社会事業』第四巻二号、一九二四）の表紙を見ると、「社会事業」に対する当研究会の基本的な活動目的が記載されている。

一　朝鮮の社会事業を一般に紹介するもの。
二　社会事業に関する組織の普及を指導すること。
三　社会事業の改良進歩を指導するもの。
四　人心の改善と社会改良に努力すること。

これはその当時、朝鮮社会事業研究会が朝鮮総督府、京畿道、京城府、又は社会事業施設団体と社会事業連絡網を図り、民心統制の為の官民広報の発信組織だったことを意味する。つまり朝鮮社会事業研究会の思想的役割は、『朝鮮社会事業』の発行を通じて行政と民衆と社会事業施設団体との連携を図り、唯一民衆教化の役割を担える情報連絡網の広報組織として、人心の改善と社会改良に尽力することだった。

このことは後記の事業内容（朝鮮総督府社会課『朝鮮社会事業』、一九三二年裏表紙）を見てもわかるように、同研究会と当局両者の情報発信が社会に伝播されたのである。

一　社会事業の相互の連絡統一を図る。
二　社会事業の調査研究をする。
三　社会事業の奨励、援助をする。
四　社会事業関係者、及び一般篤志家の親睦及び知識の交換を図って事業に対する機運の振作を取り入れる。
五　講習会、講演会等を開催する。
六　社会事業に関して功労ある者の表彰をする。
七　機関紙を発行して、随時事業に関する図書を出版する。
八　必要に応じて本協会自ら事業を経営する。
九　その他　本協会の目的達成上必要な事業をする。

このように朝鮮社会事業研究会の活動は、一九二九年以降当局主導の下で組織運営された官民一体による財団組織団体だった。その性格は京城府のみでなく朝鮮全域に及ぶ道、府、町洞、丁目に至るまで、社会事業連絡網を内外的に統制する為の組織として植民地統治政策の一端を担う重要な広報機関だったのである。

Ⅳ章　社会事業施設の設立動向

一　社会事業の種別

本節では、一九二〇年代朝鮮全土で設立された社会事業施設の内容とその特長について明らかにしようと思う。実際社会事業の施設数は朝鮮全土で七一箇所に及ぶが、経営主体、事業種別、国別、地域分布、又はどのような施設団体が京城府を始め、全国津々浦々で事業運営を行なったのか、具体的に考察してみることにする。

一九一〇年代から一九二〇年初頭までの社会事業施設団体

一九一〇年代の全国慈善団体の調査（『戦前期社会事業史料集成』、朝鮮総督府学務局「朝鮮における社会事業団体調査」『朝鮮社会事業』第一一巻二号）によると、一九一〇年代後半までの社会事業は、防貧事業、児童保護事業、特殊教育、保護医療事業、出獄人保護事業、窮民救助及び罹災救助事業等、七項目に大別される。

施設数は全国に七一か所の慈善施設が建ち、その中で公共性の強い出獄人保護団体二〇か所を除くと、凡そ五〇か所の民間施設が存在した。事業内容を区分けしてみると、育児事業、施療事業、行旅病人救護事業、出獄人保護事業が多く、経営者主体別の分布は西欧の基督教宣教師の施設がもっとも多く二五か所、日本人一四か所、韓国人一〇か所となり、ほとんどが天主教、基督教、仏教団体の関係者や当局寄りの慈善事業家（社会事業家）だった。（朴貞蘭『韓国における社会事業の成立と展開に関する研究』日本女子大学大学院、社会福祉学科博士論文、一九九六）国別種別の特徴としては、西欧宣教師が貧民救助、施療事業、育児事業を重視した反面、朝鮮の経営者は貧民救助、孤児院養育に集まり、日本の経営者は行旅病人救護、出獄人保護等治安維持の為の保護施設や教団発展の為の社会教育に重きをおいた救済事業が主だった。

このような一九一〇年代後半までの慈善事業活動は、左記の〈表三〉一九二〇年初頭の社会事業施設団体でもわかるように一九二〇年代初頭まで続いた。

地域分布では、ソウル、平譲、釜山、仁川、大邱等、各道府都市に集中して、都市圏では日本人主体の施設が大部分だったのに対し、朝鮮人は京城府でも環境の悪い場所や外国人のいない中小都市で社会事業を行なった。これは地域別の差異や施設事業の性格上にもよるが、実際植民地下であり、外部環境上で日本人との共存活動に不利な制限がかかっていたと考えられる。

一方、西欧人の場合は宗教団体の宣教師が大部分だったこともあり、都市圏だけでなく咸鏡南北、平安南北、黄海道、江原道等、寒さの厳しい北部地域での活動が可能だった。当局は南側の活動が日本人中心によって行われたのに比して、西洋人を優先的に北部極寒地方へ移動させる政策をとったようだ。なぜなら治安維持の為には、信仰心の篤い西洋人の宣教施設の協力が必要であり、しかも地形的に農作物の少ない山岳地帯ともあって、貧民救助、育児救助等の保護事業活動を重視せざるをえなかったからである。

尚、一九二一年朝鮮総督府が発行した〈表三〉一九二〇年初頭の社会事業施設（朝鮮総督府『朝鮮』七七「全鮮社会事業及び救済施設一覧」、一九二一年）によると、施設数は八六施設に増加した。これは前述したように、この頃から朝鮮社会の激変と共に当局の社会事業政策に対する民心の意識変化が顕著に出始めている。種別内容を列記すると、左記のとおりになる。

隣保事業、労働宿泊所、孤児院養育、盲唖教育、貧民救助、貧民救療、頼病患者収容所、行旅病人救護、出獄人保護、社会事業助成、救療救護等

朝鮮総督府で社会課課長として従事していた山口正は、(「社会事業の種類」『朝鮮社会事業』、社会事業研究会、一九二七)後に「一九二〇年代の社会事業の種類は、一九一〇年代に比べると多種多様な事業が増加し、慈善事業から防貧事業へと移行した時期である」と述べている。

事業内容は左記のように七項目に区別される。興味深いのはそれまで使用されていなかった「隣保事業」という用語が、一九二〇年中半から方面委員制度と共に紹介されている事である。

児童保護事業、医療・保健保護事業、社会教化事業、労働保護事業、経済施設保護事業、窮貧救助保護事業、一般的社会保護事業(方面委員制度、隣保事業)

朝鮮内での施設数はその後も増加の一途を辿り、一九二五年全朝鮮の施設数公・民間施設を合わせて一三九個(『朝鮮総督府施政年報』一九二九)、一九二九年に二二〇数(『朝鮮社会事業』第七一一号、一九二九)まで達した。

しかし、一九二〇年代の経営主体の特徴としてあげられるのは、一九一〇年代西洋人が経営した救済事業施設とは異なり、当局が奨励する日本人が設置した施設がほとんどである。逆に西欧人の施設は少なく、隣保事業を含め施設数はあまり増加せず発展しなかったようだ。その理由としては、既に述べたように西欧人宣教師の活動は宗教的動機による慈善事業が多く、しかも第Ⅴ章の社会事業施設の財源でも明らかにしているが、当局の監督の下で活動制限が敷かれていたこともあって、自由に運営出来る状態で無かったからであると考えられる。

その一事例として、当局は植民地統治を進める上で対日協力の濃い天主教に対し支援していたこともあり、他の基督教宗派や民間団体よりも協力的な関係にあった。天主教の活動はその後も都市だけでなく、地方でも布教活動と共に教会、学校、病院等の社会的施設を次々に作り、当局側の担い手となる活動を行っている。

しかし、民族を超越する民衆の福利増進の為に尽力したはずの社会事業施設が、現代の民族主義的な視点から捉えて見た時、どうしても日本当局の植民地支配をより邁進させるための利便策であったということは否定し難い事実として残ってしまい、その結果として天主教は解放後に韓民族の歴史審判を受けることになったのである。

〈表三〉　一九二〇年初頭の社会事業施設団体

種　　別	施　設　名（管理者）	所在地
隣保事業	和光教園（日本人）	京城府
労働宿泊所	和光教園（日本人）	京城府
孤児院養育	救世軍育児「ホーム」、天主教会孤児院（西洋人）、鎌倉保育院朝鮮支部（日本人）、京城孤児救済会（朝鮮人）	京城府
	天主堂付属孤児院（西洋人）	仁川府
	公州救済院（日本人）、孤児及び貧困者収容所（朝鮮人）、端山郡孤児救済会（朝鮮人）、群山修道院（日本人）	忠清南道
	日本育児院支部（日本人）、弘濟院（朝鮮人）	全羅南道
	朝鮮扶植農園（日本人）、天主教修女院孤児収容所（西洋人）	慶尚北道
盲児教育	盲唖学校（西洋人）	平城府
貧民救助	京城婦人会（日本人・朝鮮人）	京城府
	仁川慈善会（日本人）、仁川朝鮮人慈善会（朝鮮人）	仁川府
	林川窮民救済会、不具者及び貧困者収容所（朝鮮人）	忠清道
	金堤救済院、順天貧民救済会（朝鮮人）	全北－南
	馬山婦人慈恵会、釜山慈善教社、普州仏教婦人会、普州郡副業奨励会（日本人）	慶尚南道
	平譲教活院（西洋人）、共済社（日本人）、鎮南浦救済会（鎮南浦府）、養老院（朝鮮人）	平安南道
	会寧救済会（会寧郡守）、羅南救済会（羅南面長）	咸境北道

貧民救療	セブランス病院（西洋人）、賛化病院施療部（日本人）	京城府
	仁川府施療（日本人）	仁川府
	愛人病院、倍敦病院（西洋人）	忠北慶南
	海州救世病院、載寧濟衆院、逐女金廣？病院、楠亭錦？病院（西洋人）	黄海道
	耶蘇教会記忽病院、廣恵女病院、順安安息日教会病院（西洋人）	平安南道
	私立弟東病院（西洋人）、東洋合同鉱業会社付属病院（日本人）	平安北道
	春川耶蘇教病院、瑞美監病院（西洋人） 元山救世病院、私立咸興濟病院（西洋人）	江原道 咸境南道
癩病患者収容所	光州濟衆院籟病患者収容所（西洋人）	全羅南道
	癩病院、癩病院隔離病院（西洋人）	慶尚南道
行旅病人救療	京城佛教慈濟会（日本人）	京城府
	仁川佛教慈濟会（日本人）	仁川府
	清州博仁会（日本人）	忠清北道
	大田佛教慈濟会（日本人）	忠清南道
	全州矯風会（日本人）	全羅北道
	大邱行旅病人救護所（日本人）	慶尚北道
	平壌廣濟会（日本人）、鎮南浦行旅病人救濟所（鎮南浦府尹）	平安南道
	元山行旅病人救護所（元山府尹）、清津行旅病人救護所（日本人）	咸境南道
出獄人保護	京城救護所（日本人）	京城府
	仁川救護院（日本人）	仁川府
	忠北有隣会（日本人）	忠清北道
	公州慣業院、大田自彊会（日本人）	忠清南道

出獄人保護	全州有終会（朝鮮人）、郡山保護会（日本人）	全羅北道
	木浦保護会、光州有隣会（日本人）	全羅南道
	大邱常成会（日本人）	慶尚北道
	釜山輔成会、馬山保護会、普州扶掖館（日本人）	慶尚南道
	海州保護会（日本人）	黄海道
	平北保護会、平壌保護会（日本人）	平北平南
	春州保護会（日本人）	江原道
	元山保護会、咸興保護会（日本人）	咸境南道
	清津保護会（日人）	咸境北道
社会事業助	サルタレル財団	総督府
救療救護	日本赤十字社　朝鮮本部（日人）	京城府

出処：朝鮮総督府『朝鮮』77、1921

二　京城府内で隣保館事業を開始した施設

本節では、一九二〇年代京城府内における隣保施設の設立や事業内容について考察してみようと思う。隣保施設に携わった経営者や社会事業家、篤志家はどのような人たちだったのか、又は教育、実業、宗教、政治、行政など外部の団体関係者とどのように関わり、具体的にどのような活動を行ったのか考察してみようと思う。

京城府内の施設

京城府では、三・一運動後日本人、朝鮮人、西洋人の社会事業家や仏教関係者による社会事業施設団体の経営参加が増加した。代表的な施設としては、和光教園、米国監理教ＹＭＣＡ、天主教孤児院、向上会館、又は総督府直営の社会事業機関だった済生院、東部隣保館等があげられる。その中でも特に済生院は韓国人が設立して、一番古くて大きな施設である。

済生院は一九〇六年三月、篤志家の李芯和によって設立された朝鮮人初の育児事業施設である。後に一九一九年当局が恩賜金五〇万円の寄付金で出発した総督府直営の済生院事業として買収して、西大門の外旧崇義廟の場所にて孤児養育事業を行なった（具滋憲『韓国社会福祉史』一九九一）。その他にも朝鮮人篤志家が経営した施設は、中央基督教青年会や京城保育院、朝鮮労働共済会、京城救済院、貧民相助会があげられるが、今後の研究次第ではさらに増加するであろうと考えられる。

日本人が設立した施設の中では、前頁の施設以外に仏教連合の京城仏教慈濟会、日本基督教団体による鎌倉保育園京城支部、救世軍育児ホーム、京城救護会、京城連合救済会が代表的である。

一方、西欧人が経営した施設では米国監理教ＹＭＣＡ、天主教孤児院の他に朝鮮育児会、朝鮮盲唖協会や医療関係のセブランス病院施設等があげられる。

隣保館施設の始まり

ところで、朝鮮社会で最初に隣保館事業を始めた施設は、一体どこの団体だろうか。まず、一九二〇（大九）年に設立された和光教園という日本仏教団体（浄土宗）が運営した和光教園説（朴貞蘭『韓国における社会事業の成立と展開に関する研究』一九九六）と尹晸郁（『植民地朝鮮における社会事業政策』一九九六）説と、元奭朝教授の説（金泳謨編『地域社会福祉論』一九八五）と金範洙（『韓国の地域社会福祉館の発展過程』一九九五）の一九二一年基督教団体に設立された「泰和女子館」説が各々あげられる。

当時の隣保館施設の定義と性格に関しては再検討が問われるかもしれないが、現段階で資料上の設立時期と活動内容だけを見ると、筆者は朴貞蘭、尹晸郁両教授と同じく和光教園の方が一足早く設立されたと見ている。これは冒頭でも紹介させていただいたが、和光教園は他の施設と比べ設立当初から隣保事業を全面的に公示しており、事業内容も多々に及んで活動を行っていた。

和光教園とは、一九二〇年に日本の浄土宗が京城府で設立した社会事業施設である。その後京都の真宗大谷派が教育事業の一環として、一九二二（大一一）年に設立した向上会館と共に日本の二大教団が京城府で隣保館施設を運営した。ただ、資料上向上会館の場合は設立当初、社会教化事業及び授産事業が中心だったが、一九二〇年代後半から本格的に隣保事業に参画して、両者には五年ぐらいの年数差があったようである。

一方、金範洙教授が主張する「泰和女子館」説は、一九二一年米国監理教が設立した隣保館である。Ⅵ章の隣保館の性格分析でも説明するが、泰和女子館は基督教価値観による朝鮮の女性の教育に焦点をあてた啓蒙思想と宣教事業を主に家庭衛生や生活改善を図った施設だった。その他にも医師を招待して児童の健康状態を診察診療、幼児や子供の衛生を管理指導したりして、泰和女子館の目的と事業方針を明確に打ち出している点が特徴だった。

次に朝鮮人が設立した隣保施設に関して紹介すると、一九二二（大一一）年著名な知識人が設立して運営した保隣会がある。第Ⅵ章の隣保館施設の性格分析でも紹介するが、保隣会とは朝鮮後期に文明開化論者朴泳孝が晩年経営した隣保館である。保隣会は簡易住宅を中心に始めた隣保事業で、現ソウル南山タワーの麓で貧民救助の為に開設した救貧、防貧事業の施設で、現在その跡地に重要な文化遺産施設が建立されている。

当時の会員には、理事李學鐘、金一善、徐光前、金教馨等四名が入り、評議員には本書冒頭と第Ⅶ章でも紹介する東部隣保館館長の李康爀と呉錫兎が含まれる。

具体的な事業内容としては、

①貧民を救護する簡易住宅の経営　②児童保護事業　③部落改善などの隣保事業　④その他の社会事業等だった。
（東亜日報、朝鮮日報一九二三）

その他にも京城府では一九二七年公立の施設として設立された東部隣保館が隣保事業を行った。また一九二〇年代後半から愛国婦人会朝鮮本部と平田育児会が隣保事業を開設したのが確認された。愛国婦人会は一九二四年一〇月に開院し、その後産院も設置して乳児保育事業を行ない（『朝鮮社会事業』、一九二四）、その特徴は日韓共同による幼稚園経営（『朝鮮社会事業』第三巻八号、一九二五）の試みだったが、実際どのように組織運営が行われたのか、資料上明らかにされていない。

地方の施設

一九二〇年代、果して地方で隣保館事業が行なわれた施設は、一体どのくらいの数に及ぶだろうか。又はどれくらいの規模で隣保運営が行なわれていたのだろうか。現存する資料によると、大邱の慶北救済会、釜山の共生園（朴貞蘭、前掲書、一九九六）と朝鮮扶植農園、そして利川の善隣会、釜山誌友会、馬山夫人慈善会、普州仏教婦人会等があげられる。

その中で規模が一番大きい隣保施設は、一九二四年釜山の智恩寺住職大田秀山によって設立された共生園がある。共生園の事業内容は、教化部、学園部、授産部、母乳紹介部、子供遊園部の五つの事業があり（編集部「朝鮮社会事業の紹介」『朝鮮社会事業』第四巻五号、一九二六）、京城府に開園された和光教園と同じ経営母体である浄土宗が運営を行なった。

共生園は地理的にも日本に一番近い釜山に設置されたこともあってか、歴史的にも渡朝した仏教徒や政治家、実業家、社会事業家との交流が多く、開港前後から日本の朝鮮支配に大きな影響をもつ宗派、団体だった。詳細な内容は第Ⅵ章で説明することにするが、宗派と信徒、慈善事業と社会事業一体による活動が朝鮮半島全域において行われ、特に政治的、経済的な人的物流拠点として中心的な役割を果たした。

その他の施設に関しては、基督教団体の宣教師によって運営された原州隣保館、有隣隣保館があるが、活動内容は京城府で運営された泰和女子館と同じ経営母体の米国監理教ＹＭＣＡの組織で、米国式による直輸入の隣保施設だった。基督教系列の施設は天主教と同じく宗教性を前面に打ち出す活動だったが、ただ日本との距離間が近く協力的だった天主教と違い、一線を画した活動の側面が見られた。

以上、京城府、地方での隣保施設、又は隣保事業に近い施設について紹介してみたが、一九二五年全朝鮮の社会事業施設数（公・民）の合計が一三九か所、一九二九年の二二〇か所と比してみても、朝鮮における隣保館の施設数はとりわけ多い数字ではなかった。

その理由として考えられるのは、次の三点である。一点目は、隣保館事業が総合的事業で莫大の資金を必要とする施設だった為、当局の資金支援不足により補助金を受ける施設以外は全て経済的支援を受けられず経営的に困窮していた。二点目は、植民地下の特殊な産業構造上で階級分化により溢れ出した貧民、土幕人、行旅病人などの社会問題を解決出来なかったこと。そして三点目は、同化事業を大前提に社会の治安維持の為の貧民救済、行旅救助、児童成年保護を中心とした社会教化事業、又は隣保事業に対する住民との意識と認知度の隔たりがあったこと。

京城府内の施設

尚、左記に列挙した施設名は、資料上の限界により筆者が隣保館として断定できなかった施設で、第Ⅵ章の京城府及び近郊周辺内に存在した隣保施設以外の施設になる。現在残存する資料を通じて紹介している為、隣保施設とは関係なく若干隣保事業が行われたであろうという見地から取りあげてみようと思う。どのような施設団体が存在し、どのような事業内容が行なわれたのか、施設を紹介してみよう。

・京城仏教慈濟会

一九一七年四月二二日、京城仏教慈濟会は京城府元町一丁目で京城仏教各派の寺院連合会により始めて組織された団体である。事業の目的は、行旅病人の収容及び貧民の実費診療があげられ、特に一九二五（大正一四）年一二月に新設した養老部は、不遇な老人の為に最後の慰安所として収容する事業だった。養老事業は社会事業施設の中でも一番消極的で、将来に希望を持つことのできない事業だった為、各施設とも庶民の伝統文化、慣習しきたりに依存するしかなかった。養老事業が他の事業のように発達しなかったのは、朝鮮固有の古老尊崇拝の文化観念が伝習的に民衆の心理を支配し（小水真二、『朝鮮社会事業』第四巻二号、一九二六）、この段階では時代的に公的扶助を受け入れられる風土が整っていなかったからである。施設の特長としては、寺院連合会の経営だけに専念して個人的な色彩がなく、ほとんど仏教信徒で運営されていた。主たる後援者は、丁字屋の小林源六、釘藤次郎、貴生堂薬店の津留崎一、丸一呉服店の信澤等があげられる。（早田伊三、『朝鮮社会事業』、第四巻一一号、一九二六）

・鎌倉保育園京城支部

鎌倉保育園京城支部は、一九一三（大正二）年八月に日本神奈川県鎌倉保育園の支部として漢江通りに設立された。同園支部は基督教価値観を持つ人たちによって初めて日本人の救護の為に設立されたが、後に経営方針を変更して朝鮮人孤児貧児の収容と教養を目的として曾田嘉伊智夫妻によって運営された。（朝鮮社会事業研究会『朝鮮社会事業』第四巻二号、一九二六）そして曽田は長きに渡り日本軍部を廻って朝鮮人孤児育児支援を要請しながら多くの孤児を救われた。後に韓国政府はその功労を称え、現在ご夫妻の遺骨は日本人として唯一ソウル楊花津外人墓地にて埋葬されている。

・救世軍育児ホーム

一九一〇（明四三）年、救世軍は京城府西大門に朝鮮本営を置き、全土支部一五〇か所を全国各地に配置して諸事業を展開した。救世軍の事業は全朝鮮に一二か所の支部を経営して（中井巌、『朝鮮社会事業』第二巻七号、一九二三）、全職員数は朝鮮人一三二名、外国人三三名、日本人七名、南朝鮮地方の農村に二〇か所の簡易補習学校が設置された。（編集者「朝鮮社会事業の紹介」『朝鮮社会事業』第四巻四号、一九二六）その中で救世軍育児ホームは、実業家の小林源六の寄付金により事業が展開され、後に本ホームは京城府内に浮浪する無宿の孤児を救済する目的で男子実業学校と称して、事業の規模を広めて行った。（朝鮮総督府、「京城の社会事業団体」『朝鮮』九六、一九二三）

・天主教孤児院

一八八九（明二二）年、西欧の天主教支援により天主教孤児院は孤児及び貧児救援の為に京城府本町二丁目にて設立された。一九二〇年代当時、同院は一九六名の孤貧児を収容して普通教育を施行した。本院の運営は、仏国本部からの送金からの送金、及び慈善家の寄付などで経営された。孤児院収容数としては、朝鮮で一番多かった。（朝鮮社会事業研究会、『朝鮮社会事業』第三巻一号、一九二六）

・京城救護会

一九一三（大二）年七月一八日、京城救護会は財団法人の組織として、当時京城府外の京畿道高陽郡霊江面阿硯里にて設立された。財団法人京城救護会は免囚保護事業を行う施設として、一九二〇年代朝鮮で収容数が第一位を占めていた。京城地方法院検事の職位にある者が管理し、免因救護事業のみでなく行政、市民、団体などと連携を図って社会の治安維持のための組織であった。（朝鮮社会事業研究会『朝鮮社会事業』第四巻四号）

・京城連合救済会

京城連合救済会はバンカー婦人と言う西欧の婦人が主唱した組織である。本会は人種や宗教の区別を論じないで、京城にある全ての宗教、人種を統一して超越する一つの救済機関をつくりたいという趣旨の下で一九二四年に設立された。救済方針としては、①既に警察の調査による極貧者は約二〇〇〇戸ないし、三〇〇〇戸ぐらいいた。その中で救済しなければ餓死する者を救済すること。②将来成長して素晴らしい人間になる極貧者、そのまま放置すれば不良少年になるかもしれない者の救済。③道端に群がる乞食たちを対象とした救済、以上の三つが対象となった。（野田新吾、「聯合救済のあとを顧みて」『朝鮮社会事業』第三巻一号、一九二五）

・朝鮮児童協会

朝鮮児童会は一九二五（大一四）年一二月、京城府黄金町二丁目に児童愛護の為佐田至弘によって設立された。事業の目的は一つ、児童愛護観念の涵養、二つ目児童福利施設の整備、三つ目児童教養知識の普及、四つ目母性尊重観念の扶植、五つ目母体保護事業の奨励

にあり、等五項目である。（朝鮮社会事業研究会、「朝鮮社会事業の紹介（三）」『朝鮮社会事業』第四巻五号、一九二六）

・**朝鮮盲児協会**

朝鮮盲児協会は一九二一（大一〇）年三月、京城府天然洞済生院内にて盲児者の知識の発達普及を計り、及び社会的地位向上を図る目的のために設立された。事業内容は講演会、慰安会、雑誌刊行などである。（朝鮮社会事業研究会編集者『朝鮮社会事業』第四巻六号、一九二六）

その他、

・サルタトル財団、感化院（永興学校）等

朝鮮社会事業研究会と朝鮮仏教社

社会事業の連絡統制機関としては、既にⅢ章で明らかにしたように朝鮮社会事業研究会と朝鮮仏教団が運営する朝鮮仏教社があり、その他にも助成機関として京畿道社会事業委員会、京城府社会教育化委員会があった。

朝鮮社会事業研究会は一九二一年四月一一日京城公会堂で社会事業の連絡機関として設立され、朝鮮仏教社は小林源六が実業家の渋沢栄一の支援を受け、李元錫と一緒に組織して朝鮮仏教の発展の為に設立した。（編集者、『朝鮮社会事業』、第三巻一〇、一一号、一九二五）後に朝鮮仏教社は仏教界同志の連絡機関を担う役割を築いた機関紙『朝鮮仏教』誌を発行し、朝鮮半島だけでなく東京、京都をはじめとして日本各地にも発送した。その他にも少部数ながら現中国の上海、北京、奉天、大連、関東州、台湾、ハワイにも送った。（朝鮮佛教社、『朝鮮佛教』第七四号、七月号、一九三〇）

一九二八年、朝鮮仏教社は仏教団から独立するが、仏教団は後に社会教化団体として京城以外の全朝鮮で修養団と同民会団として活動したり、或は日本に拠点を置くお寺から僧侶を招聘して、講演会、講習会を開催して民心の修養運動を推進したりした。（朝鮮社会事業研究会編集者『朝鮮社会事業』第四巻一号、一九二五）

すなわち両者の違いは、半官半民機関である朝鮮社会事業研究会が社会事業団体を内外的に統制するための支援組織として植民地統治政策を遂行する役割を果たしたのに対し、朝鮮仏教団の朝鮮仏教社は仏教界同志、仏教信徒のための情報機関紙『朝鮮仏教』を発行して、仏教と社会事業の連携を担った組織機関として発展したのである。

V章　社会事業の財源内容

一　社会事業の財源基底

本章では、朝鮮統治の社会事業全体の財源基底が一体どのようになっていたのか、その内容について明らかにしようと思う。また京城府及び近郊周辺を対象に隣保館を含む当時の社会事業施設がどのような資金元で運営管理が行なわれたのか、運営資金は社会事業施設独自による調達のものなのか、或いは当局との相関性によるものなのか、さらに民間企業や諸団体ないし篤志家や実業家等、民間人出資者からの支援金、寄付金で運営が行なわれたものなのか、財源の特質について考察してみることにする。

臨時恩賜金

朝鮮における社会事業の財源基底は一体どのようになっていたのだろうか。既に研究者によって明らかにされているが、一番の基底となる財源は天皇による「臨時恩賜金」だったという点である。まずは、天皇の「臨時恩賜金」の内容から考察してみることにしよう。

一九一〇年、日本政府は日韓併合条約の発表と同時に、臨時恩賜金三〇〇〇万円（日本銀行戦前基準指数の一九一〇（明四四）年〇・五八八、二〇一九（令元）年六九八・七（現在に換算すると、凡そ一円が現在の一〇〇〇円程度に相当する。又は一九二一（大一〇）年戦前基準指数一・二九六の場合だったら、一円が約四〇〇〇円以上、一〇万円が現在の約五・三〇七万円の数字に相当する。）を朝鮮に対し下賜した。

つまり臨時恩賜金は明治天皇から日韓併合を祝し下賜されたものであり、植民地統治下の朝鮮民衆の民心安定化を図る為の助成金だった。臨時恩賜金三〇〇〇万円（日本銀行戦前基準指数：一九一〇明四三年〇・五八八、令和元年六九八・七）は現在に換算すると凡そ三兆円以上に相当した。以後、臨時恩賜金は朝鮮統治における社会事業の基本財源となり、その中の一部は民心緩和策の一環として貴族功労者及びその遺族、官吏、両班、儒生、孝子節婦、郷党の模範者等に分与され、金額にして当時の円額で二三万五九〇〇円ぐらいとなる。

二三万五九〇〇円は、一九一〇年一一月三日孝子、節婦、郷党の模範者だと認定される者、三二〇九名及び孤独の者七〇九〇二名に支給された。その一方で孤児の養育、精神病者教育、治療基金として二八五万八〇〇〇円を各々拝呈して残額二一万三五〇〇円を留保したが、一九一七年にその利益を一緒に行旅病人救済基金に設定している。（慶尚南道『慶尚南道史』（中巻一九八八）

また、三〇〇〇万円の中から一七三九万八〇〇〇円が全朝鮮の府、郡、島に分与された。この基金で発生する利子を通して士民の授産、教育、凶荒救済及び社会事業が行なわれ、その利子は後に毎年約九六万円となり各道の地方費に編入させ（『朝鮮に於ける施設の一班』、一九二九）、その内訳は六／一〇授産事業、三／一〇教育事業、一／一〇凶荒救済事業に割り当てられた。

三つの事業内容に関しては、渡邊豊日子が左記のように説明している。

授産事業とは、恒産ない者に生業を与える一方、地方事業の発達を試みる目的で農業、機業、蚕業、製紙、水産等に関する伝習、或は実地指導を行なった。教育事業は普通教育の普及の為に公立普通学校の設立維持を補助して、凶荒救済事業は水旱害及び災害時に食糧、種穀、農具、被服の配布など、各種適当な方法のスローガンを実施した。（渡邊豊日子「臨時恩賜金事業の概要」、朝鮮総督府『朝鮮』七七、一九二一）

その他にも一九一二（明四五）年明治天皇及び一九一三（大二）年に昭憲皇太后の崩御時に慈恵救済として下賜された金額三一五〇〇〇円及び国庫の補助に関係する金額一〇万円、合計四一五〇〇〇円から恩賜罹災救助基金の利子を引き出し種穀、種苗、又は材料の給与、農具の賃付及び給与、被服の給与、医薬費の給与、応急救護が行なわれた。（朝鮮総督府『朝鮮事情』、一九三四）

しかし、恩賜金事業は社会情勢の急速な変化により次第に別の方向へと変質し、一九二〇年以降授産費に使用する金額の一部が社会救済事業施設に投資されるようになった。これは「授産」「凶荒救済」と言う侠義の救済事業の対象を拡大した「社会救済事業」がこの頃から変わり始め、皇民化政策、慈恵政策の一端を担って来た恩賜金による救済が本格的に社会事業の主流を形成して事業内容の拡充を指向するようになった（遠藤興一、『植民地社会事業基礎動向』一九九七）。

つまり朝鮮では、一九一〇年代まで救貧的社会事業が大部分だったが、一九二〇年以降は急激な近代の産業構造、社会構造、政治構造などの変遷により、急速に防貧的社会救済事業が多種多様に増加し始めたことを意味する。防貧的な社会救済事業の種類がそれまでとは異なり、いわゆる公設市場、公設質屋、労働者宿泊所、職業紹介所、人事相談所、貧民施療、公設浴場、公設洗濯場、図書館、公設理髪所、簡易食堂、方面事業、孤児育成など、多種多様な事業の経営、又は補助等が増加するようになったのである。

二　社会事業施設の運営資金

当局の補助金を受けた社会事業施設一覧表

左記の〈表四〉は、筆者が一九二〇年代に発行された新聞（東亜日報、京城日報）と雑誌（朝鮮社会事業）から抜粋して作成した一覧表で、政府から補助金を受けた京城府内に設置された施設団体である。まずは施設内容を比較して施設団体の設立背景や資金力、或いは当局と施設団体がどのような関係だったのか、協力的だったかそうでなかったのか調べてみようと思う。

（尚、当時の円を現在の円に換算して見ると、戦前基準指数：一九一三（大二）年〇・六四七、令和元年六九八・八。一円一・〇八〇円の価値に相当する。但し生活給与式に換算した場合は、凡そ現在の四〇〇〇円弱の価値に相当する。）

〈表四〉を見ると、京城府では日本人が経営する施設、朝鮮人が経営する施設、欧米人が運営する施設等、多国籍経営者による社会事業施設が存在し、とりわけ一九二〇年以降は日本人経営者が運営する施設がほとんどで、しかも仏教系列の施設団体が一番多い。名称を並記すると、左記のとおりになる。

鎌倉保育園、京城保育院、救世軍育児ホーム、京城仏教慈済会実費診療所、和光教園、向上会館、鎌倉保育園、京城孤児救済会、朝鮮盲唖協会、京城救済会、京城保隣会、鎌倉保育園、聖公会孤児院、セブランス病院、京城救護会、京城連合青年会、日本赤十字社朝鮮本部、京城婦人会、向上会館、天主教孤児院、天主堂付属孤児院、韓鎮達財団乳児健康相談所など。

〈表四〉1920年代　当局から補助金を受けた社会事業施設（京城府）

年度	内　容
1922年度	《東亜日報》 ・1922（大11）/10/25　府費　社会事業 （維持費）鎌倉保育園400円、財団法人京城保護院350円 救世軍育児「ホーム」600円、朝鮮社会事業研究会700円 （事業設備費）京城佛教慈濟会実費診療所250円、和光教園200円 《京城日報》 ・1922（大11）/1/4　総督府から各慶畿道の事業団体に対する奨励金 各代表の補助金14,000円 5,000円…向上会館　代表者渓内一中 2,500円…和光教園　代表者荻野順導 2,000円…救世軍育児「ホーム」 代表者ウィリアムスティブンス 1,500円…佛教慈濟会　付属実費　診療所　代表者渓内一恵 1,300円…鎌倉保育縁　代表者　佐竹音次郎 700円…京城孤児救済会　代表者尹致昊 500円…朝鮮社会事業研究会 300円…朝鮮盲唖協会　代表者大塚常三郎
1923年度	《東亜日報》 ・1923（大12）/2/13　総督府の各道別社会事業奨励会 （紀元節　全国社会偉業団体に対して53000円の奨励金を下賜された。）

1923年度	（京畿道）500円…和光教園、佛教慈濟会、向上会館、鎌倉保育園 朝鮮支部（天主教会嬰児院、濟衆病院、朝鮮扶植農園） 400円…京城保育院、救世軍育児「ホーム」、天主教修女院付設女子孤児院 300円…朝鮮社会事業研究会、京城保隣会
1924年度	《東亜日報》 ・1924/1/28　社会事業功労者に御紋章入銀杯1個と金200円ずつ下賜。 ・1924/2/12　社会事業団に8500円下賜。 500円…和光教園、京城佛教慈濟会、向上会館、鎌倉保育園支部、天主教会嬰児院、濟衆病院、朝鮮扶植縁 400円…京城保育院、救世軍育児「ホーム」、京城救済会、慶北救済会、大邱癩病院、天主教修女院付設、女子孤児院、癩病隔離院 300円…朝鮮社会事業研究会、京城保隣会 ・1924（大13）《朝鮮社会事業》2巻9号。1/25（1923年12月25日皇太子の御慶事のため下賜した。） 100万円…私設社会事業助成のため内閣総理大臣下賜。 100万円…児童就学奨励者金を内閣総理大臣に下賜。 その他に朝鮮、台湾、関東州、樺太、南洋群島に対し児童奨励金下賜された。 20万円…朝鮮総督府、 6万円…台湾総督府、 2万円…関東庁 8000円…樺太庁、2000円…南洋庁（《朝鮮社会事業》第2巻16号、pp28～29.）

1924年度	《朝鮮社会事業》第2巻16号 ・1924年6月　総督府の補助金：総督府は感化救済及び地方改良事業の社会事業に対し、以下のように特別な補助金を下賜した。 （京畿道）3000円…向上会館、2500円…和光教園、2000円…京城佛教慈濟 会付設実費診療所、救世軍育児「ホーム」、1500円…財団法人鎌倉保育園、 1000円…財団法人京城保育院、京城天主教嬰児院、700円…朝鮮社会事業研究会、 300円…朝鮮盲唖協会
1926年度	《朝鮮社会事業》第4巻4号 ・京城府の補助金 1450円…救世軍育児「ホーム」 1000円…和光教園 550円…財団法人京城保育院、鎌倉保育園京城支部 500円…向上会館 400円…天主教会嬰児院 300円…京城佛教慈濟会 250円…朝鮮社会事業研究会 1200円…鎌倉保育院 1000円…体育協会 800円…財団法人京城保育院、天主教会嬰児院 250円…保隣会、盲唖学校等

1927 年度	《東亜日報》 ・1927/3/13　京城府の社会事業に対して府内に居住する西洋人団が 200 円寄付。50 円ずつ寄付。和光教園（観水洞）、天主教会嬰児院（天然洞）、向上会館（阿硯里）、救世軍育児「ホーム」、世富蘭偲病院。 ・＊ 1927/12/1 社会事業団体補助 700 円…和光教園 600 円…京城保育院、鎌倉保育園京城支部、天主教会嬰児院、京城連合青年団、救世軍育児「ホーム」、世富蘭偲病院
1928 年度	《京城日報》＊ 1927/12/1　社会事業団体補助 800 円…和光教園 1500 円…佛教慈濟会 500 円…向上会館 400 円…鎌倉保育院 250 円…京城保育院 《京城下報》 ・1928/7/10　京城府が社会事業団体に補助金 5200 円を出す。（社会事業補助） 1600 円…京城保育院 京城府は京城保育院に対し、孤児収容用に新築費金 1000 円を補助した。 600 円…和光教園、鎌倉保育院京城支部、天主教会孤児院、救世軍育児「ホーム」 650 円…京城連合青年団

1931年度	400円…セブランス病院 300円…京城佛教慈濟会 200円…向上会館、朝鮮社会事業研究会 100円…保隣会 ・1931/1/31　京城府からの恩謝金 500円…和光教園 300円…韓鎮達財団乳児健康相談所

出処：一九二〇年代　《朝鮮社会事業》、《京城日報》、《東亜日報》を中心に作成する。

右記の社会事業施設一覧表〈表四〉は、毎年紀元節の下賜金、総督府・京城府、或いは宗教家・実業家、民間団体などの社会事業補助金、共同募金などで運営された施設が殆どである。ただ注目すべきことは、天皇の下賜金や総督府・京城府、篤志家からの補助金を受けた施設団体が毎年同じ施設だったという点、しかも隣保事業を運営した和光教園と向上会館が、他の施設団体より多く補助金を受けていたことである。おそらく二つの施設は、他の施設と比しても長年当局と密着した間柄で積極的に政府主導の社会事業政策に協力的であったと考えられる。

これは日本の施設だけに言えることではなく、実際西欧の施設の中で唯一カトリック教の天主教孤児院が補助金を受けており、その結果天主教の沈黙の抗議は「それだけで社会秩序の基礎になって、実際的に内戦融和のいい模範者となり、それと同時に朝鮮統治の模範的国民であった」（平山政十『万歳騒動とカトリック教』一九三〇）と、当局から一目置かれる教派となった。

また、朝鮮人が経営した施設の中では、京城保育院、保隣会、貧民相助会が各々補助金を受けていた。まず、保隣会と京城保育院の場合は当局の絶対的信頼を受けていたからなのか、毎年補助金を受けられたが、貧民相助会は一度だけの補助金受給に留まっている。資料上の限界により、理由は明らかにされていないが、おそらく京城保育院（『朝鮮社会事業』第四巻五号）・保隣会（『朝鮮日報』一九二三年二月）と比較して見た時、対日協力者の人物不足か、それとも施設が財源不足で規模的に小さかったからなのか、活動自体に限界があったと考えられる。

尚、朝鮮人が運営した施設の中では、他に中央基督教青年会館、朝鮮労働共済会、京城救済院等三団体も存在していたが、資料上によると補助金は全く受けていないようである。理由は明らかにされていないが、おそらく貧民相助会よりも政治思想的に当局と一線を画した活動が行なわれたのではないか、或いは独自的に運営資金の調達や外国の経営母体、団体の補助金などで運営されていたので、単に当局の選定の中に入れなかっただけかもしれない。

この点に関しては、第Ⅵ章で他の施設の設立背景、活動内容と比較しながらその性格についてもう少し追究してみてから、実態を明らかにしようと思う。

民間人支援金出資者の奨励

次に、財源基底の一つとして挙げられるのは、渡朝した民間人出資者による支援金・寄付金である。民間人による支援金出資者で一番多かった職種は、在朝日本人の実業家だった。朝鮮社会事業研究会の会員であり朝鮮・満州社の社長釋尾春芿は、資本家の社会事業の寄付金問題に関して次のような意味深々な発言を雑誌に載せている。

我々会員が一致して社会事業の機関を発達させ、社会事業に対する一般民心を喚起させる。特に資本家を自覚させ、社会事業に対する寄付を促し…、如何なることがあっても社会事業はお金がなければ出来ない。従って、まずお金を持っている者を一つの社会事業に貢献させなければならない。(「東京の社会状態と朝鮮に於ける社会事業に就いて」『朝鮮社会事業』第三巻二一号、一九二五)

と述べて、資本家による社会事業の支援金・寄付金を促しているのである。

これは釋尾社長の個人的な発言と言うよりも、朝鮮の社会事業を憂いて在朝日本人の全資本家に向けた積極的な寄付金奨励を促した発言だと考えられる。例えば、和光教園のように朝鮮唯一の総合的社会事業を運営した施設団体さえも資金不足のため、『朝鮮社会事業』という雑誌に資本家、篤志家の支援金奨励を要請する広告をしばしば掲載していたほどである。

実際日本の資本家の中には、富田儀作のように鎮南浦商業学校、京城歯科専門学校の設立等の為にとてつもない支出をしたり（早田伊三『朝鮮社会事業』第三巻九号、一九二五）、小林源六のように朝鮮仏教団設立に莫大なお金を寄付したり、或は大和興次郎が本職である運輸事業よりも社会公共事業で現場での労力と時間と多額なお金を投入した（早田愛泉「社会事業に貢献せる我が会員」『朝鮮社会事業』第三巻一一号、一九二五）篤志家による社会貢献の事例は多かった。

特にその中でも、実業家であり、社会事業家だった小林源六は、在朝の社会事業の為にありとあらゆる方面で尽力した人物で、京城にあった丁字屋商店本店（その他に大阪、ハルビン、大連、釜山などに支店あり）という会社経営のみでなく社会事業施設や団体づくり、地域活動に積極的に参加した篤志家である。その一例として向上会館や東部隣保館など、京城府内にある隣保館施設支援や町洞総代、方面委員、社会教化委員等、諸役職にも尽力した。または仏教関連の組織作りにも尽力して、その一つが朝鮮仏教団の設立だった。

朝鮮仏教団の設立は、一九二五（大一五）年五月六日財団許可の指令を受け、六月八日公的に活動を開始した。前身は朝鮮仏教会であり、一九二〇（大九）年、小林源六が対日協力者の李元錫と共に組織して、多くの名士たちの援助を受けて設立した。その時名士たちの全寄付金は四万三千円だが、小林源六自身はこの時個人的に一〇万円寄付している（早田愛泉「朝鮮に於ける教化団体」『朝鮮社会事業』第三巻一〇号、一九二五）ので、その尽力度は他の篤志家より群を抜いていた。今の額に換算したら、結構な額になるのは言うまでもないだろう。

しかし、このような寄付金事例は当時の経済的、社会的状況を勘案して見た時、必ずしも多かったとは言えないようである。なぜなら実業家の中には本当に価値ある社会事業にお金を出すことを人生の誇りとしている人が数多く存在していたはずであろうに、何故なのか、寄付金一覧名簿の少なさの理由が明らかにされていないのである。原因は時代的に安心して寄付金を出せないという文化風潮が根強く浸透していなかったからなのか、それとも単に実業家や社会事業家や団体係の篤志家自身に十分な資金力がなかったから支援できなかっただけなのか、その真意はわからない。

ただ、民間人の寄付金奨励は金額よりも前提に信頼感、共感共鳴なくしてはありえない。朝鮮総督府事務官半井清は「七、八〇％程度がこれに該当する」（一九二三『朝鮮』七七）と述べており、実際はもっと実業家の寄付金奨励が可能であろうという発言を踏まえると、この当時はまだまだ寄付金に対する概念、文化風土が時代的に成熟していなかったかもしれない。

社会事業（寄付金）に対する宗教家と実業家の認識の隔たり

また、半井清は同じ報告書の中で社会事業に対する宗教家と実業家の違いにも着目し、両者の社会貢献の役割についても左記のように述べているので、引用してみよう。

「朝鮮での社会事業は、一〇人中八、九人が宗教系列の団体が経営にあたっている。その理由は、宗教家が社会事業に携わるのは宗教家自身の訓練であり、宗教家の仕事を有効な方法として一番必要なことである。…宗教家が社会事業に従事するのが社会の活路を開く一番の短い道でもある」としながら、

しかしその一方で、

「実業家は仕事の恩恵のある社会事業に対して、いつも有益なお金を出したい言う事を自身自身の宿題であると考えているようだが、残念ながら安心できる人と納得できる事業を探し出すことは容易でない。…(また)宗教家は一般民衆の後援がない、ということを口癖のように話しているだけで、実業家の(伝える)言葉がどのくらい重要なものかを深く考えるべきであろう」とも述べている。

これは、とかく社会から信頼を得やすい宗教家の内面的な矛盾に入り込み、社会一般で言う労働者(生活庶民)と距離のある宗教家特有の内面重視だけに傾きがちな存在性を批判して、少しでも現実的な経済重視による庶民の実際的な生活基盤に重きを置いた信頼関係を促そうとした発

言と考えられる。

つまり多額の寄付金支援を見込めなかったのは、当時の社会的、経済的理由の他に、宗教自体が実業家の賛同意義に該当しえなかったからであり、そのことを宗教家自身がまず自らの内面的な矛盾に気付くべきであると批判して、まずは両者の信頼関係がありてで尊重を促すように批判しているのである。

また、その他に民間支援金の中には婦人会や女学校などが社会奉仕の為に道端で花を売って、その利益金を社会事業費として京城府の施設団体に寄付する事例も多々あったが、実業家などの支援金に比すると、額的に僅かで限界があったようである。

しかし、これは活動資金と言うよりも団体組織の宣伝の為の一種のボランティアによる活動募金がほとんどだった。当時の資料によると、実際この時期から大正デモクラシーの思潮の影響下で女性の地域活動や社会活動が顕著となり、学校教育のみでなく実業教育も盛んになり、日本人、朝鮮人女性の社会進出、社会貢献のうねりが到来した時期でもあった。

例えば、当時の民間人の花売り組織をあげれば、

日本基督教婦人会、花園婦人会、日宗婦人会、朝鮮児童協会お母さんの集まり会、第一高女白楊会、第二高女常盤会、女子技術芳蘭会、家庭能率増進研究会、天主教婦人会、愛国婦人会朝鮮本部、メソジスト教会、京城仏教婦人会、或は女学校である進明女子高等学校、淑明女学校。（編集者『朝鮮社会事業』第四巻一一号、一九二五）

等、数多くの民間の婦人会や女学校、宗教系列の団体が参加している。

三　社会事業（施設）の財源と、その特質

その他にも、臨時恩賜金は植民地統治下の朝鮮民衆全体の民心安定化を図る為の助成金であり、その他には天皇の下賜金や総督府、京畿道、京城府からの補助金があげられる。総督府・京畿道・京城府による補助金や企業、会社、教団など民間団体からの支援金、又は実業家、宗教家、教育者、社会事業家等、個人篤志家による寄付金、その他の民間人からの共同募金などがあげられる。特に、一九一〇年日韓併合による臨時恩賜金三〇〇〇万円は植民地統治の全期間を通して朝鮮統治の基本財源となり、その中から全朝鮮の府、郡、島に分与されたり、授産事業、教育事業、凶荒救済事業に割り当てられたり、又は発生する利子を元に救済及び社会事業が行なわれた。

以上、社会事業（施設）の財源内容を考察してみると、次の六点の特質があげられる。

一点目、朝鮮における社会事業の財源は、一九一〇年日韓併合条約により明治天皇が臨時恩賜金三〇〇〇万円を朝鮮に下賜したのが基底となった。

二点目は、社会事業の施設、団体の運営財源は、母体である宗教団体、施設団体の支援金、実業家や宗教家、教育者、社会一般で言う民間篤志家から受けた補助金、又は施設団体が独自で行

う経済活動の営業利益や募金活動などがあげられる。

三点目は、〈表四〉にもあるように当局から補助金を受けた施設団体が、毎年同じ団体、施設だったという点である。特にその中でも隣保館事業を行った和光教園と向上会館は、他の施設団体よりも多くの補助金を受けており、これは歴史的に両施設が他の施設よりも当局と政治的、社会事業的に密着関係だったことを示し、当局の絶対的信頼を受けた所以であろう。

四点目、ここで注目すべき点は朝鮮人の施設運営に関してである。すなわち朝鮮人が日本人と連携して運営したり、又は朝鮮人独自で施設を運営していたことが資料上多く判明されている点である。しかし、これらの施設は治安維持上当局の制限がかかり、活動の範囲も限られていた為か、十分な資金力に繋げられなかったようである。

五点目は、既に述べたように京城府で設立、若しくは経営した朝鮮人の隣保施設は、保隣会、中央基督教青会、朝鮮労働共済会、京城保育院、京城救済院、貧民相助会の六つが判明された。その他にもいくつかの朝鮮人の施設が明らかにされているが、今回は資料上の限界により六つの施設だけを紹介した。この中で当局から補助金を受けた施設は、今の所保隣会、京城保育院、貧民相助会の三か所である。上記でも明らかにしたように、三施設の従事者だけは当局から政治的、経済的に恩恵を受けて、それ以外のほとんどの施設は補助金を受けていない。この違いは日本当局との関係性を意味し、当局の方針、政策、事業に協力的であるかないか、又は施設規模、運営規模の大小によって補助金が決められていたのではないかと考えられる。

六点目は、天主教孤児院と日本当局との関係についてである。西洋の団体の中では、天主教孤児院だけが当局から補助金を受けられていたようだ。今日でもよく社会現象の特徴の一つとしても取り上げられるが、これは天主教の国籍を超越した普遍的な人類愛による布教活動が、結果的に当局のナショナリズムを手助けすることとなり、その対価が毎年の補助金だったのである。すなわち統治支配者側から見ると、天主教の活動は朝鮮統治の社会秩序の基調とつながり、極めて内鮮融和に協力的な模範者であり、かつ宗教価値観による代表的信仰者として信頼されたのである。

Ⅵ章　京城府内の隣保館の性格分析

本章では、一九二〇年代京城府における隣保館施設の性格について、歴史的かつ実践的両側面から考察してみようと思う。当時の施設が果たして隣保施設なのか、そうでないのかという争点もあるが、それよりも本章では京城府及び近郊周辺地域（京畿道）の社会事業の全施設を参照しつつ、資料上隣保事業であろうと認識される、零細民同化、社会同化思想の強い隣保館の設立背景や活動内容を明らかにして、施設全体の性格について考察してみようと思う。

一　日本人の隣保館事業

一九二〇年代、京城府内で隣保事業が行なわれた代表的な隣保館施設は、和光教園、向上会館、泰和女子館、保隣会、京城婦人会、東部隣保館、平田育児会等、七団体が挙げられる。尚、社会教育事業に重きを置いた京城婦人会、平田育児会の二つの施設は、資料上隣保事業の実体を明らかにすることが容易でなかった為、本章から省くことにする。

まず始めに、隣保館の規模が一番大きかった施設は、「和光教園」と「向上会館」である。「和光教園」は一九二〇年、母体である日本の浄土宗の教化事業の一環として設立され、規模自体が他施設よりも大きく朝鮮唯一の総合的隣保館だった。一方、一九二二年真宗大谷派（東本願寺）によって設立された向上会館は、京城佛教連合団の後援で託児事業から始め、一九二〇年代後半に隣保事業が実施された。まずは、和光教園の設立背景と活動内容から考察してみることにしよう。

（一）浄土宗の施設「和光教園」とは

一八九五年八月、浄土宗の中山唯然が釜山で本願寺を開教した。これが朝鮮における日本浄土宗の始まりである。続いて浄土宗三隅田持門が一八九七年釜山で開教し、翌年一八九八年に大僧正野上運海が漢城府（一九一九年から京城府）で開教院を設立して、日韓併合時には既に二一か所の寺刹及び出張所と朝鮮人布教の為に四箇所の出張所、布教所を設置した。

その他にも本願寺から分裂した西本願寺が渡朝して、一九〇三年厳常円が一三道を行脚して布教し、一九〇五年開教総監部の一部が京城府の龍山に移住した。同年真言宗の金武順道は京城に光雲社を設立し、翌々年に鶴田機運が大田に大田寺を設立した。（韓晳曦『日本の朝鮮支配と宗教政策』、一九八八）その後も臨済宗が京城に布教所を置くなどして、多くの教団が次々に渡朝して各教団の基盤を築いた。

このような歴史的背景の中で、一九二〇年に和光教園の事業は浄土宗開教院僧久家慈光の提唱と実業家の福永政次郎によって創立された。当時の資料によると、実業家の福永政次郎氏は高瀬合名会社の代表者として毎年一万円以上を和光教園に寄付するなど、社会事業にも精通した実業家であり著名な篤志家だった。高瀬合名会社の本店は大阪にあり、釜山及び群山等にも京城と同じような地方支店があり、福永は朝鮮でも名の知れた経営者の一人だった。（早田伊三「京城に於ける社会事業家と其後援者（上）」『朝鮮社会事業』、一九二二）

和光教園提唱者の久家慈光は、青年期に宗教大学を卒業するやすぐに朝鮮に渡り、朝鮮語を学

和光教園の設立経緯

写真９　清渓川（鍾路）近郊にあった和光教園（2023）

習しながら日本語教授職に従事した。その後、久家は米国に渡航するが、再び京城に戻って朝鮮人の布教に従事しながら社会事業の活動を行ったが、事故のため社会事業に従事することが出来ず、代わりに京都の本部から派遣された荻野順導に経営が委ねられた。

既に前記したように、和光教園は京城府の地域社会における零細民を組織的に支援する朝鮮唯一の総合的隣保事業だった為、一九二〇年代当時は一番注目される施設だった。教団の理念に立脚して社会改良を行う為、和光教園は人事相談、職業紹介、労働者宿泊、実費診療、普通教育、実習夜学、宗教宣布等、幅広く隣保館事業を行ない、教団のみでなく日本当局の支援もあってか、他の団体よりも資金が潤沢だった為、積極的に隣保事業の活動を行なうことが出来た。

一九一三（大二）年三月、和光教園の開校は前身の浄土宗開教院が京城府観水洞（現鍾路区）一〇二番地の土地家屋を購入して、浄土宗教友会を組織して青年夜学会日曜子供会を開始した時から始まる。最初は浄土宗教友会が老人会、婦人会、青年会、児童会を組織して、布教伝道、宗教信念の向上に尽力する一方で、京城府民の生活の改善や衛生思想の普及、家庭豊和や経済思想の鼓吹等、倫理道徳による同胞の教化を行なった。

一九二〇（大九）年、教友会は新たに旧京城府鍾路に土地を借入して労働宿泊所を設立し、一〇月には既設の仏教の集い場として和光教園へと改称し、同年一二月に宿泊所の運営を開始して和光教園の司式を完成した。翌年一九二一（大一〇）年には、直接紹介部及び夜間修学を希望する者に授業を開始し、一九二三（大一二）年に珠算伝習所を設置して靴下や帽子などの制作授業を実施した。（朝鮮社会事業会『朝鮮社会事業』第四巻二号、一九二六）一九二五（大一四）年は、和光学校、実習夜間部、幼稚部、和光教会、日曜学校、労働宿泊所、職業紹介所、人事相談所、救護部、食事部、銭湯、授産伝習所等一四種に増加し、規模がさらに大きくなった。

職員数に関しては、設立時の職員数が全一二人、学院の教員数六人、宿泊所職員二人、医療部二人で構成された。和光教園設立者の久家慈光は浄土宗朝鮮布教の総監に就き、荻野順導が教園長に就いた。荻野教園長は東京で不良少年の感化事業に従事して、植民地下での治安維持の施設運営にも長けていた。（朝鮮社会事業研究会、前書、一九二二）。

和光教園の保護人員数は九〇八四人で、延人員数でも六九二九二人に膨れ上がり、一九二三（大一二）年末京城府の人口が二八八二六〇人（朝鮮人二〇七四九六、日本人七六一八八、中国人四一三〇、その他外国人四四六人）である（山本貫一「京城の社会事業」『朝鮮社会事業』、社会事業研究会、第二巻一六号、一九二四）のを鑑みると、和光教園自体が如何に大きくて、どのくらいの規模で運営されていたのか理解できよう。

また、和光教園の経費を調べてみると、経常費は三六八二〇五二銭、臨時費五三九三七銭、合計三七三五九八九銭（朝鮮社会事業会『朝鮮社会事業』第四巻六号、一九二六）で、毎年拡大している傾向にあった。一九三五年時には、全一二部二一種目の総合的社会事業に拡大し保護人員四三一〇八延人員が一一九八九三人となり（荻野順導編『和光教園事業要覧』、一九三六）、創立一五周年には四倍以上の人員になっており、その需要度は他施設とは比べられないほど大きくなった。

事業内容

では、一九二一年以降の事業種目について具体的にどのような内容があったのか、考察してみることにしよう。まず労働宿泊所に関しては、無宿の浮浪者など労働者の保護を目的に設立され、初めて和光教園で試みられた事業である。宿泊人収容規定は一人一泊五銭の宿泊料、毎日労働に従事する男性の独身者のみに制限されたが、係員の指揮によらなければ断られることもあった。宿泊者に対する待遇は一日ごとに風呂に入り、時々慰安講和・修身訓話等の教化活動や労働の紹介、身の上相談の事業が行われた（朝鮮総督府『朝鮮』七七、一九二一）。

付設事業では、食事部と理髪部が設置された。学院は幼稚科・普通科・補習科に分けられ、幼稚科は学生を受容したが場所が狭かったので中止にされた。普通科は昼間と夜間に分けられ、補習科は普通科を補充するためのものとして夜間に制限された。

また、医療部も新事業として設置され、一か月間偶数日の午前は内外一般診療、処置、投薬、診療無料で、薬は実費として提供された。しかし無料診療事業は事業開始一年四か月だけで失敗した。荻野はその理由に「医師の不誠実と西洋医学に頼ろうとしない住民の偏見、又は総督府の施療部が隣近所に設置されたから」と述べている（朝鮮総督府、同掲書、一九二二）。

授産部は一九二五年に開始された事業で、貧困な家庭に内職を奨励する部だった。初めは施設資金不足だったが、後に慶福会等の民間団体の助成金によりミシン機械三台、靴下機械一〇台が設置した。事業自体は警務局や軍隊等に靴下などを納品して、一年の生産額が一万一〇〇〇円（現在基準指数約一〇〇〇万円弱）に達した。教化部では、精神幸福事業で常念仏会・定期講和会・臨時講演会・日曜学校の四種類の内容を行われた。常念仏会と定期講和会は、仏教教理による精神教化、臨時講演会は各方面の名士による講和、日曜学校は日曜日ごとに七〇人から一〇〇人の女児に対して人格修養中心の教育が行なわれた。

その他にも臨時事業としては、和光青年団が一九二一年陰暦一二月から翌年一月までにかけて観水洞で夜間教育を実施したり、盗難防止、火災防止という住民奉仕を行なったり、奨忠壇公園旧運動場で和光教園秋季運動会を開催したり（朝鮮佛教社『朝鮮仏教』七七、一九三〇）、さらに一般人の為の無料職業紹介所や出版事業、調査、研究会、修養会など、付属事業として防犯防災の教育を行なったりした。

以上のように、和光教園の事業内容は和光学校、実習夜間部、幼稚部、日曜学校、労働宿泊所、職業宿泊所、人事相談所、授産伝習所等が運営され、当時の社会事業施設の中でも一番大きな隣保館事業として地域住民、地域社会から利用される施設だったのである。

和光教園設立の意義

一九二一（大九）年一〇月、和光教園は京城府観水洞（現ソウル市鍾路区観水洞）で設立されたが、教園長の荻野はその意義について左記のように述べている。

和光教園の和光とは、文字そのまま仏陀の慈光である。平和の光である…。そして私たちがいる大和国の光である。日の丸は光である。この光に触れることにより、現実の幸福を受ける…。（朝鮮総督府、『朝鮮』七七、一九二一）と。

この文章を解釈すると、これはまぎれもなく当時の教園の理念軸を顕しており、植民地統治の正当性を如何に矛盾なく伝えられるのか、仏教的価値観に立脚した普遍性のある統治方式のスローガンをさした表現である。すなわち和光教園は他教派との違いを鮮明にする為、より朝鮮の民衆から指示が受け入れられるように仏教的表現で比喩を用いながら社会同化、社会教化を行なおうとしていたのである。

又、山名善来（帝国地方行政学会、『朝鮮地方行政』第二巻一号、一九二二）が、和光教園設

立の目的に対して、

仏陀の大慈悲を集めて万機普益の貢献を成就する為のもの。…その為に内鮮互助融合の目的の為に出発して、朝鮮人に対して隣保事業を施行した。すなわち和光教園の活動は、社会的教化に関する綜合的事業を展開しながら彼らの実生活に入りながらその効果をあげる為のものだ。

と述べている。

これは朴貞蘭（前掲書、一九九六）、尹晸郁（前掲書、一九九六）両教授も同じ指摘をしているが、和光教園の隣保事業は、零細民同化、社会同化の一環として、仏の慈悲思想の根本精神に立脚した個人の修養教育を完成するという〝成仏国土、成就衆生〟の大業の理念が存在している。二つ目に、日本建国精神に立脚して、一大家族主義の国是を奉じて新同胞の教化事業の為に貢献し、隣保事業と称した綜合的救貧計画事業を始動して大和仏国の光を照らしながら零細民の貧困生活を改善するという意味合いが含まれている。

しかしその一方で、和光教園設立数十年後に荻野順導は一九二〇年前後の設立背景について次のようにも回想している。

時勢の変化は驚く内容であり、現実を自分なりに見られなかった京城零細民にも第一次世界大戦の影響は独立騒動を起こし、その一方で貧富の差異を自覚させ、暗黙の風が全朝鮮の山野に充満し、文化政治の国歩は誠に重大な時に向かっている。

右記の内容を分析すると、荻野自身は仏教第一主義を唱えつつも、その内面の片隅で第一次世界大戦が京城零細民に影響を与えたこと、それが後に独立騒動をひき起こし、朝鮮社会に貧富の差異を生じさせる要因になってしまった（尹晸郁、前掲書、一九九六）。一日も早く文化政治を基軸に文化事業を早く朝鮮全土に浸透させなければ、たちこめる暗雲の国難を乗り越えていくのが容易でないという、使命の裏腹に不安と焦り、希望と失望、表裏一体の複雑な心情が述べられている。

このように和光教園は朝鮮で社会事業活動を行う一方で、当局の統治政策の担い手として、母体である教派の存在価値と正当性を如何なく発揮し、活動の規模を拡大した。つまり和光教園は宗教的な価値観による運営が主だったが、その背景はどこまでも日本政府、総督府、総督府、京城府と相互依存関係にあり、当局の絶対的信頼、支援下で社会事業活動を推進したのである。

(二) 真宗大谷派による隣保施設「向上会館」とは

一八七七年、明治政府が対朝鮮宗教政策の一環として選んだ宗教団体は、真宗大谷派だった。その理由について近代朝鮮宗教史研究者の韓晳曦氏は、著書（『日本の朝鮮支配と宗教政策』未来社、一九八九）の中で次の三つをあげている。

一つ目は、一五八五年中国布教を意図して釜山に渡って高徳寺を建立して、文禄慶長の役の時に従軍僧になり、一五九八年に帰国、肥前唐津に高徳寺をたてた人が奥村浄信だった。明治政府は奥村浄信の布教経歴の功績をあげて、当時その子孫である奥村円心を一八七七年釜山に派遣した。二つ目は、徳川幕府時代に朝鮮使節が渡日するたびに江戸まで案内し、東京浅草本願寺などで滞在させるなどして、明治維新政府にそれまでの多額の負債があった。そして三つ目は、明治政府に対する忠誠心と護国護法論に立脚した国家主義とその実践に対する信任があった。

一八七七年、釜山出張の命を受けた奥村円心、平野恵粋は実業家大倉喜八郎と一緒に朝鮮に渡った。朝鮮では、既に内命を受けていた日本管理官近藤眞助から歓迎援助を受けて布教を開始して、一八七八年本願寺釜山別院を設立して奥村円心が最初の住職となった。後に奥村は一八九七年に千島列島への布教命令を受けて渡るが、その後日本に戻り住職に就いている。

一八七八年、真宗大谷派の本願寺釜山別院が設立された以後は、多くの日本人信徒が朝鮮に移住した。一八七九年、京都本山では朝鮮に行く多くの留学生に朝鮮語を教育させ、朝鮮布教の拡大に対備すると同時に朝鮮人に日本語を教える韓語学会を創設した。この時初めて貧民救済、行路病者救済を目的とする釜山教社が創設されるが、後に日清・日露戦争時に軍の援護物資の輸送、出征軍人家族救護に使用された。

真宗大谷派本願寺の朝鮮布教は、日清・日露戦争と同時に朝鮮各地に広まり、一八七八年から一九二〇年まで四二年間に、別院五箇所、寺院一箇所、布教所四一箇所、出張所一八箇所、全朝鮮六五箇所を設置した。このように真宗大谷派が興起する中、一九二二年八月七日向上会館は系列の京城佛教連合団によって建設された。（韓晳曦、同掲書、頁五一）

このような背景の下で、向上会館は南山本願寺別院住職渓内一恵師の主唱で仏教教化事業の専門施設として設立された。向上会館は総督府の許可を受けた後、府内天然洞（現西大門区）の旧日本公使館跡に三〇〇〇余坪の土地を購入して、二一二名収容の四〇〇余間二階西洋式の建物を建てて（東亜日報、一九二三、1／23）、当時は和光教園に劣らないほどの規模の大きさだった。

建設費用は建築総設備、及び一か年間の予備経費を合わして一三万円の予定で、同派の本山が三万円を支出して、残り一〇万円は府内の同派信徒やその他各方面の寄付募集によって進められた（朝鮮総督府「大谷派本願寺の向上会館」『朝鮮』七七）。同館の主幹である青森徳英は、東井戸仁真、李智光を経営の現場に任し、後援者は丁字屋経営者の大富豪で仏教信徒でもあった小林源六などが引き受けた（早田伊三「京城に於ける社会事業家と其後援者」『朝鮮社会事業』、第五巻一号、一九二七）。

設立趣意書

向上会館の設立趣意書によると、

大谷派は各宗派に率先して、今から五〇年前事業に着手した。しかし次第に日本（内地）から移住した人が多くなることにより、新しい方向を明確に打ち出さなければならなかった。それでまず教化不信の原因が何であるかを考え、一番根本的な原因は教化方法の不整頓だった。朝鮮人とは、同じ建物の中でも同じ方法、同じ教化が必要だった。（大谷派本願寺朝鮮開教監督部編『朝鮮開教誌五〇年誌』、一九二七）

と、朝鮮人の社会教化の重要性が述べられている。

これは朝鮮人の同胞専用の教化機関を設立して、同胞の物質的及び精神的生活を向上させるものであり、実社会での感化の必要性を強調する為のものであった。「一九一九（大正八）年三月全朝鮮に渡って朝鮮独立運動の蜂起やその軽挙妄動は、宗教的訓練の欠陥によるものなので、いつも知己の人に対して教化機関設立の急務を要する」（朝鮮開教監督部編、同上、一九二七）状況だった為、真宗大谷派は京城別院内で朝鮮人の教育機関「向上会館」を設立したのである。

すなわち向上会館の設立は、当時の朝鮮社会の秩序安定を図る為の統治事業の一環として推進された側面が強く、朝鮮総督府は「朝鮮人教化は布教を第一義として進行しにくい特殊事情のため、基督教のように社会事業を通して徐々に朝鮮人と第一義諦を力説すべき方針」だとし、仏教団体との連携を強めながら社会事業の推進を奨励し、その中心的役割を果たす団体が「真宗大谷派」だった。（尹晸郁、前掲書、一九九六）

真宗大谷派は親鸞上人の教えを説き、民衆を精神的に済度するために真宗大谷派社会事業会を創立した。創立当初、真宗大谷派は三〇〇余名の社会事業家による約二〇〇〇種の社会事業が行なわれ、将来一万のお寺が各々必ず一種類以上の社会事業を行う計画だった為（社会事業研究会『朝鮮社会事業』第二号、一九二四）、多くの在朝日本人の賛同を得ることが出来たようである。

このような社会事業の奨励は、一宗教団体のみでなく実業団体や実業家、教育者、一般の篤志家にも各々あった。例えば朝鮮銀行総裁の美濃部発起により、一九二〇年一〇月一〇日から三日間在京城日本人の有力実業家一五〇余名が本願寺京城別院で「朝鮮内地人（日本人）」実業家大会」を開催した。ここでは朝鮮総督府に対する建議要項九つ、内地人（日本人）自営用件五つを採択し、特に教化事業を重視して「朝鮮人の教化には宗教（日本仏教）の力が一番大きく、布教に対して十分に保護をしてくれる（実業家大会第七項）」を建議した。（尹晸郁、前掲書、一九九六）

しかし、これは捉え方次第によっては、宗教による朝鮮人の教化だけでなく、逆に京城府在住の日本人を保護する為の朝鮮人妨害者の回遊や親日教化の為に実業家、教育者、一般人などの協力を得て、民衆を皇民化する社会教育事業に転換できる建議だったとも解釈できる。

事業内容

次に向上会館の事業内容をとりあげて、どのくらいの規模で隣保事業活動が行なわれたのか、具体的に考察してみることにしよう。

まず、事業内容は産業伝習部・宗教部・修学部の三部門に分けられた。設立当初は人員及び経費の関係上、一九二二年一〇月一日以前に職業教育である産業伝習部を開設し、その後本会館の発起人中の一人小林源六の建議によって洋服科及び洋靴科が開設された。洋服科と洋靴科は各々三名の教師の下、授業期間一八か月中七か月目から工賃支給が規定され、洋靴科は教師の要請により熟練工五名が雇用された。(吉川文太郎「京城の社会事業団体」朝鮮総督府『朝鮮』九二一、一九二三)

一九二七(大二)年の統計(大谷派本願寺朝鮮開教監督部編『朝鮮開教五十年誌』、一九二七)によると、当初の学生数は洋服科学生六三名、洋靴科一二名、女子技芸部三〇名、計総数一〇五名に達する。その数字は日ごとに増え、制作品数も増加した。学生が作った制作品数は、計七二〇一点で京城府だけでなく地方でも販売されて、洋服科と洋靴科の学生に工賃が支給された。

また、一九二四年四月修学部では、朝鮮総督府私立学校規定により実業夜間学校が開設され、各大学出身者及び京城高等商業学校出身者六名の教員が採用された。修学部は朝鮮の大部分の婦女子が家庭の中で生活していたので、一九二四年一月産業的自覚の為に婦人たちに適当な職業を与える為に向上女子技術学校を設立した。(編集部『朝鮮社会事業』第二巻十一号、一九二四)午前中の二時間は、中等学校程度の学科と修身、国語、英語、朝鮮語、算術、珠算、家事、音楽を教えて、それ以外にも実業教育として洋裁ミシンなどを伝習した(『東亜日報』三月九日、一九二四)。

向上会館では、職業教育の事業を中心に運営を行ない、その修学期間を三年と定めて育成した。

会館主幹の青森徳英は「三年間修学を終えた学生は、就職して洋服店を開店するか、或いはそれだけで満足できなければ田舎で少なくても面長位にならなければならない。都市にいれば少なくても洞総代のぐらい任せられたらいい（青森徳栄「向上会館の使命」『朝鮮社会事業』第六巻七号、一九二四）…卒業した男子学生は、各々取得した技術で就職して、女子は家庭に入って堅実な生活の為働くか、或は制作した洋服を地方に行って安い値段で売れたら評判もいいはずだ」（早田伊三「社会事業団体巡り」『朝鮮社会事業』第六巻七号、一九二八）と述べ、大いに学生の職業教育を奨励した。

当初、向上会館は産業伝習部の事業が中心だったが、一九二八年財団法人発足以降は授産部の洋靴科を廃止して社会教化事業の拡張にも尽力した。その結果、定期講演講和会、仏教研究会、名士講演会、仏教婦人会、日曜学校、青年会、図書雑誌出版、人事相談職業紹介等の事業内容が増えた。特に講演会の回数が増えて、一九二八年は五三回を記録している。

例えば、洋服科の四学級では、専任講師を定めて毎週二回ずつ「精神訓練」を目的とする講和を行ったり、補習科の学生には毎週父親の前で「朝鮮音偈文」を読誦させ、一般学生には校庭で朝礼及び体操を行なうように指導したりした。また、四月には基督教のクリスマスと同じ意味で演奏行事の一つ、釈迦の降誕祭を開き、京城府内官民の有志を招待して講和会を開き、夜には活動写真会を公開した（編集部『朝鮮社会事業』第三巻一九号、一九二五）。その他に青年会では、毎月一度有力人士を招待して「講演会」を開き、授産事業と並行して教化事業を多く行ったりした。

このように一九二〇年代、京城府で授産事業を経営した団体は資料上向上会館以外に和光教園、鎌倉保育園京城支部、救世軍育児ホーム、天主教公会、済生院の六施設があげられる（『朝鮮社会事業』第四巻四号、一九二六）が、向上会館ほど数多くの授産事業を行なった施設は他に見当たらず、如何に向上会館の授産事業と技術学校が当時の中心的事業であったかが理解できる。

しかし、一九二〇年代後半に入ると次第に向上会館の事業内容は、授産事業以上に教化事業の需要が増えるようになった。その理由としては、一九二〇年代の時世の要求があり、具体的に当会館が当局と連携を図り労働力確保の増進、及び京城府の社会秩序、治安安定を図る為の社会教化事業が必要となったのである。すなわち向上会館の母体は、日本の宗教団体であり、社会事業の一環として向上会館を設立し、朝鮮人の教化には宗教（日本仏教）による社会教化事業が一番影響力の大きいことを証明した団体だったのである。

二　西欧人の隣保館事業

天主教と改心教

朝鮮における欧米の慈善救済事業は、朝鮮末高宗二五（一八八八）年三月に佛蘭西教会によって開設されたソウル（現在明洞）の天主教会孤児院が始まりである。（『朝鮮社会事業』第四巻二号）その後、高宗三二（一八九五）年三月仁川で天主教付属孤児院を皮切りに、各地方で次々に施設を設立された。天主教会孤児院について、韓国社会福祉学者の具滋憲教授は「朝鮮で近代的性格を備えた社会福祉事業、又は育児事業の始祖だ」（『韓国社会福祉事業史』、一九九三、弘益齋）と述べるほど、欧米の朝鮮社会福祉事業への礎えづくりを評価した。

孤児院の歴史的経緯を辿って見ると、朝鮮最初の来航者は改新教の宣教師北長老派の医師ドクトリンアレンで、京城府における病院経営は彼によって始まったと言えよう。その一年後、ドクトリアンアレンはハルバード学校を開き、医療事業のみでなく教育事業にも尽力している。政府関連の施設を除外すると、医療事業はほとんどが西欧の宣教師団の経営によって運営され、次々に西欧の先進技術が導入された。以後、いくつかの宗教団体が布教を兼じてソウル、平壌、仁川等何か所かで育児救療事業が開始された。（吉川文太郎「朝鮮の社会教化に貢献せる宣教師団の事業」朝鮮総督府『朝鮮』七七）

施設数は日韓併合以後も少しずつ増え続け、経営者も欧米宣教団体系列以外に日本人、朝鮮人の民間篤志家、実業家、宗教家、教育者等の支援者が現れた。欧米の改新教による慈善救済事業が増加して、その中でも特に米国の宣教師による慈善救済事業が増加し、後に西欧の基督教が伝播された場所には、必ず学校、病院、そして教会等の施設が建設されて、諸事業が行なわれたのも特長の一つだった（金泰治「宗教と社会事業関係に於いて」『朝鮮社会事業』第五巻一号）。

三・一運動に対する改心教

一九一九年三・一運動以後、総督府と関係が悪かった西欧のプロテスタント系六宣教団（米国南北監理教、南北長老教、オーストラリア長老教、カナダ長老教）は、九月に合同で意見書を当局に提出した。この意見書には、伝道事業、教育事業、医療事業、宗教、所有権と財産問題、道徳的改善等、幅広い内容の改善策が書かれてあった。

意見書の内容は「朝鮮人を抑圧して苛酷な取扱いをした結果、結局朝鮮人の反感を受け、近年の独立騒動を起こしたので痛切な失望を感じる」とあり、また「我々は万歳運動をした非武装の朝鮮人に対して憲兵兵士及び警察の残忍と野蛮的な行為に対して宣教団体としてはっきり言いたい。日本人民は警察が黙過する中で同じ蛮行をすることも少なくない。官憲はそれに無関心で処罰もしない…我々は閣下が早く裁判で朝鮮人の差別的取扱いを廃止することを切実に願う」（朴貞蘭、前掲書、一九九六）という内容だった。

これらの内容を読む限り、支配者側はほとんど韓国側の内面、立場を重んじることができず、結局基督教団体の宣言を表面上の抗日と憤懣の表示でしか受け取られなかったのである。

もちろん日本側の社会事業関係者の中には、「朝鮮の文化、朝鮮民族の文化を尊重しなければ社会事業は発展できない。朝鮮の伝統、朝鮮民族としての心理を無視すれば、如何なる社会事業も受け入れられない…」と指摘し、伝統文化に注目して「朝鮮民族としての心理」を理解しようとした少数の人たちがいたのも事実である。（遠藤興一「方面委員制度からみた植民地の社会事業」『Society』、一九九九）

しかし、このような発言は個人的な価値観、人生観ないし生活思想に立脚した発言によるものがほとんどで、社会一般化するだけの大きい勢力にはほど遠いものであった。むしろ、大半の日本人が朝鮮人の内情を理解しつつも根本的に立場を配慮せず、支配者側の論理で社会構造上日本側と協力することにより未来の発展があるという認識だったと考えられる。

確かに、当時の資料の中で数少ないながらに改新教宣教師が社会的功労者として当局から下賜金を受け取った事例を確認すると、当局は教会本部を介するよりも直接裏で個人的な繋がりを重視し、物質による友好的な交流を尽力していたようにもうかがえる。少し斜めから捉えると、これは当局に反抗心を抱く改新教団体、宣教師を対日協力者としての懐柔策の一案だったとも読み取られる。しかし、基本的に改心教関係者（一部除く）は当局から施設補助金を一切受けとっておらず、殆どが本国からの支援金で事業活動がまかなわれている。これは言うまでもなく政治に重きを置かない改新教団体と当局の信頼性の薄さを意味すると言っても過言でないだろう。

米国ＹＭＣＡの隣保館事業

一九二一年四月五日、鍾路「順和宮」で米国南監理教の宣教師 Miss Mary D. Myer（韓国名馬如秀）によって「福音伝道」「女性教育」「社会事業の創立理念」として、泰和女子館が設立された。順和宮が位置する場所は歴史的に由来のある場所で、朝鮮の創建者太祖が一四九二年高麗の都城開城（現北朝鮮・開城市）から漢陽（現：韓国ソウル）に遷都した時に、その中心地を現在の泰和趾周辺に決定したのが始まりである。（その時の石は今日も石碑として泰和趾の庭に残存する）

その後、順和宮は長い歳月を経て一九世紀末期に韓末政治家の李完用の所有となって五年間居住した。順和宮以後は「明月館」という朝鮮料理店が建つが、一九二〇年米国の南監理教会が順和宮とその土地を当時のお金二〇万円で売買して、一二月七日以降完全に泰和趾を所有した（金範洙『韓国の地域社会福祉館の発展過程』、一九九五）。この跡地周辺は一九一九年三月一日民族代表三三人が独立宣言書を朗読した場であり、後に南監理教の宣教師たちが集って朝鮮の婦人たちの為に新しい施設（泰和女子館）を建てられた場所でもあった（朝鮮総督府『朝鮮』七七）。

泰和女子館は後に草創期、成長期、受難期、光復期、新興期と多事多難な経過を経るが、韓国社会福祉学者の金範洙教授は、泰和女子館設立について次のように紹介している。

　泰和とは「大きい平和という意味で創設され、当初の正式な名称は泰和女子館」であった。初代館長は米国人 Miss Mary D. Myers で、韓国名を馬如秀とつけた。馬如秀は一九〇六年宣教師としてソウルに駐在して、特に貧しい女性や文字の読めない女性の社会事業の必要性痛感し、一九一五年四月にニューヨークの宣教本部に朝鮮での社会館設立を要請した。宣教本部はこの請願を認定して、一九二〇年現地の事情を調査した。そしてその必要性を確認した後に、社会館事業を具体的に着手して一九二一年建物を建てた。（金範洙、前掲書、一九九五）

泰和女子館は女性の責任と義務を教える等、主に女性の啓蒙思想と宣教事業を行なった。社会事業史的に捉えると、この時期に米国本土のケースワークやグループ事業という方法論を活用したというのは注目に値し、職員は組織的に地域の家庭を訪問して、個別的に家庭衛生や生活改善などを行なったりした。その他にも医師を招待して児童の健康状態を診察診療、影響の改善など幼児や子供の衛生を管理指導し、泰和女子館の目的を明確に打ち出して活動した。（金範洙、同上、一九九五）

金教授によると、泰和女子館の主要事業は左記の七事業部で構成され、二名の婦人宣教師と八名の朝鮮人女教師が担当したようである。

一．宗教部－朝鮮語聖書研究会、英語聖書研究会、日曜学校、聖書学校設立
二．医療部－巡回診療、母親具楽部、嬰児発育改良会、衛生研究版（看護員）
三．嬰児部、保育事業－通学者の嬰児受託
四．社会部－幼稚園[注7]、料理班、女子裁縫班、体育部、社交具楽部、運動部、洗濯部を新設（東亜日報一九二四）
五．教育部－普通学校数、文学具楽部
六．図書部－閲覧室
七．児童部－遊戯場（東亜日報一九二一）

宗教の宣教は、もちろんその他に国語、算術など、普通学校も教えている。泰和女子館の特色は、婦人の入学許可年齢を一五歳以上四〇歳以下とした。時代的に多くの婦人たちがいろんな理由から年齢関係なく勉強を始めるのが増加して、とりわけ三〇代主婦が大部分だった。それに関

しては、多くの記事内容が東亜日報に掲載されている。注8

婦人たちは、知識交換、思想交換、共同事業等に関する協議を通じて、互いに団結しながら具楽部、職業婦人会等を組織したりした。そして後に主婦たちが、看護師、医師、新聞記者等、知識階級の募集を始動して、積極的に女性の社会活動を奨励した（『朝鮮社会事業』第五巻二号）。

泰和女子館が女性に制限した理由について、金教授は「泰和女子館は女子宣教部の事業であったこと、それから女性側が男性よりも不遇であったこと、そして女性の社会的活動の影響力が大きかったこと」（金範洙、前掲書、一九九五）をあげている。

改新教による隣保館事業は、以後いろんな地域で設立された。例をあげれば、泰和女子館（社会館）の他に原州社会館（一九二六年）、有隣社会館（一九三〇等が設立され、主に教育、青少年、婦女救護事業の活動等、女性を対象とする事業がほとんどだった。これらの施設は泰和館と同じく米国の監理教宣教本部の資金によって設立され、事業内容が殆ど同じものだった。

しかし三・一運動以来朝鮮総督府と悪化した関係が続いた為、泰和女子館は個人活動家を除く

注7　一九二七年京城府には幼稚園の経営が合計一七個あった。その中で朝鮮人経営のものが六個、日本人経営が六個、外国人が五個だった（『朝鮮社会事業』第五巻一号）。

注8　（1921／2／27、1921／3／25、1921／4／24、1921／5／18、1922／3／22、1922／3／23、1924／2／3、1924／3／2、1924／3／9、1924／4／19、1924／5／25、1925／4／17、1926／5／16、1926／7、1926／8、1928／2、1928／8、1929／10）

と当局からの支援金を受けられなかったようだ。逆に泰和女子館は当局の朝鮮人に対する政策に不正と不義に反旗をあげたり、基督教の伝統的な信念による女性の啓蒙作業と宣教事業を中心に多種多様な事業を行なった。多くの朝鮮婦人たちが泰和女子館に入会して勉強を始めたという点で、南監理教は朝鮮の社会教育発展の大きな足がかりに寄与したのである。

三　朝鮮人の隣保館事業

次に、一九二〇年代京城府内で朝鮮人自らが経営した施設は、資料上隣保館事業の保隣会をはじめ中央基督教青年会、朝鮮労働共済会、京城保育院、貧民相助会、京城救済院、六施設である。前章でも述べたように、六施設の中で日本政府の補助金を受けた施設は、保隣会、京城保育院、京城救済院、貧民相助会の四施設で、特に保隣会、京城保育院は当局から絶対的信頼と支援を受けたが、資料上京城救済院と貧民相互会は数回しか受けられなかったようである。

しかし、朝鮮労働共済会、中央基督教青年会は右記の四施設とは違い、独自の運営体制と行動方式を備えていた。朝鮮労働共済会は労働運動と農民運動を主に六万人の会員が入会し、中央基督教青年会は基督教団体から絶対的な信頼を受けて運営活動を行なった。中央基督教青年会は初代会長に尹致昊が任命されたが、この時の中央基督教青年会は当局重視よりも宗教的な繋がりによる会員布教活動がほとんどだった。

朝鮮人が経営した施設は、資金を受けた施設とそうでない施設との違いがはっきりと分かれており、基本的に当局との連携があった施設は支援されたが、そうでない施設は全く補助金を受けられなかった。現段階で朝鮮人が運営した施設数全体を復元することは容易でないが、朝鮮人が設立した施設を考察することによって、規模の大きさと運営の性格がある程度把握できる。

では初めに、若干資料が残存する規模の大きい保隣会の隣保事業に焦点を合わせて、設立当時の活動内容を調べて、その性格を把握してみることにしよう。

(一) 保隣会

発起人、侯爵朴泳孝

一九二一(大一〇)年四月、侯爵朴泳孝[注9]、李覺鐘、金宗漢外一八名が発起人となり、住宅難救済を求める人たちの救済目的の為に、京城住宅救済会を組織した。

注9　朴泳孝(一八六一～一九三九)

朝鮮末期から大韓帝国期の貴族、政治家。大極旗の考案者。朝鮮の近代文明化を志し、朝鮮末期に金玉均と共に開花党(独立党)を結党し、政権内部に参入するが(甲申政変)失敗して日本へ亡命した。その後も帰国して何度か政権に参入するが、謀反の疑いをかけられて日本に亡命、または李完用内閣時に大臣暗殺陰謀の疑いをかけられ流刑処分になった。日本統治期は朝鮮の伯爵として親日派を束ねる枢密院、また銀行、紡績会社、新聞社等、多くの会社、団体組織を束ねる実業家として活躍した。

保隣会は京城府の橋北洞（現鍾路区）に一戸二部屋からなる簡易住宅七五戸を建設して、下層民の住宅難を緩和しようとした。その後、一九二二（大一一）年隣保事業及び児童保護事業を始めて（編集部『朝鮮社会事業』第四巻七号、一九二六）、一〇〇人の朝鮮人有志から一三〇〇〇円の寄付金を集めて保隣会を設立した（東亜日報一九二二／一）。保隣会の経費は寄付金と補助金及び家屋を通じて充当し、他の施設と比較しても清潔で評判がよく、保隣会庭前にはいつもおぜいの人が待機する程だった。

理事長には朴泳孝が任命され、事務を管掌した人は新民社の李覺鍾だった（早田伊三「京城における社会事業家と其後援者」『朝鮮社会事業』第五巻一号、一九二七）。朴泳孝は朝鮮後期の開化論者で、政権交代により失権後何度か海外に亡命したが、晩年当局の対日協力者として社会事業に尽力した。一方、李覺鍾は後に中央教化連合会の審議委員に選出されて、当局の教化運動を積極的に推進した人物である。一九三〇年、李覺鍾は日本青少年会館で行われた「第七回全国教化事業関係者大会」で教化運動の趨勢を左翼の社会運動と比して遅れることがないように、活動が中央集権的に前進して行くことを願った。（編集者『朝鮮社会事業』第九巻二号、一九三一）

保隣会は協賛員金周容外九三名から構成されて、その中には柳一宣、呉錫禹、李康爀等、対日協力者も入っていた（『朝鮮日報』一九二三／二／六）。重複するが、特に李康爀は後に当局の協力者として積極的に社会事業活動に参与し、町洞総代と東部地域の方面委員を担いながら公立最初の東部隣保館館長を歴任した人物だった。

こうして見ると、保隣会の隣保館事業に従事した人たちは、ほとんどが当局の対日協力者だったことがあげられる。

保隣会の事業内容

一九二八年、朝鮮社会事業研究会の記者、早田愛泉は朝鮮社会事業団体廻り（『朝鮮社会事業』第六巻七号）調査で、保隣会組織の概況に関して次のように紹介している。

（保隣会の）簡易住宅の用地は一五〇四八坪で、経費は残ったお金、及び寄付金及び賃貸料を通じて維持経営を行なった。共同住宅（長屋）は、受容戸口七五戸、男二一二、女一七四計三八六名が住んでいて、そのほとんどが借家から追放された者或いは市区改定の為に追い出された人やお酒のために流浪した人たちだった。共同住宅は八尺一間平均五名の比率で受容されたので、全部屋オンドル式（韓国伝統的床暖房）で便利なので逃亡の心配がなかった。また受容後の保健状態もよくて、伝染病にかからないで疾病の完治を見せた。宅地も清潔で評判がよくて、住宅難で住む人は職業紹介と医療等の手助けを受けたので、皆保隣会に対して感謝した。しかし、西大門警察署靈泉派出所が共同住宅（長屋）前に移転した以後は、直接間接問わず影響を受けた。

保隣会の中心的事業は、貧困者を対象とした簡易住宅支援の隣保館事業だったが、派出所が本会前に設置されていたこともあり、いつも当局の監視下の中で運営せざるをえなかったようである。しかも当局の補助金支援によって運営されていたので、独自的な運営方式は容易でなかったと考えられる。

要するに、保隣会の事業内容は零細民部落の支援、児童保護、住宅難救済などの三種類に区分された。まず零細民部落の隣保事業は、普通学校に入学する児童の為に書堂を開放して簡易な教育を施行したこと。二つ目の児童保護は、分娩育児に関する迷信、悪風の矯正、或は児童虐待の放置などがあり、書堂を中心に部落民懇親会を開催して衛生職業慰安等の面で部落の改善を施行した。三つ目の住宅難救済は、簡易住宅を建設して住宅難に苦労している貧困者を受容する、若しくは低廉な賃貸料を徴収して家屋の維持・修繕したりして付属事業費を提供した。(編集部『朝鮮社会事業』、第四巻七号、一九二六)

これらの事業は京城府に流出した土幕人、火田民等、貧民たちの為の住宅保護事業が主で、その中心的役割を果たした人物は既に述べたように近代の文明開花論者、対日協力者の朴泳孝だった。晩年、朴泳孝は尹致昊と共に韓国の社会事業施設の建立等の社会事業に尽力して、日本資本主義の父であり日本の社会福祉の礎を築いた渋澤栄一[注10]とも交流を図ったのである。

(二) その他の朝鮮人経営者による施設

・京城保育院

一九二〇(大九)年一月、本院は京城府玉川洞(現西大門区)に設立された。一九二二

（大一一）年五月、組織を財団法人京城孤児救済会に変更して京城保育院と改称した。事業内容は京城府内で彷徨する扶植者のいない孤児を救護して、独立した生計が築けるようにすることであった。設立代表者は尹致昊[注11]で、会員の負担金及び基本財産による輸入を基礎に運営し、又は官庁の補助金や一般有志者の寄付金を通して経営を維持して、毎年約三〇〇〇円の収入があった。（編集部『朝鮮社会事業』第四巻八号、一九二六）

注10　渋澤栄一（一八四〇～一九三一）

百姓、実業家。江戸時代末期農民から尊王攘夷派志士。主君徳川慶喜の家臣から将軍に臣となる。ヨーロッパ視察時に、近代的な経済システムを含む諸制度、技術を吸収することにより、日本における合理主義思想形成の重要性を痛感する。明治政府では官僚として井上馨の下で政治、経済等、諸政策の立案を行ない、後に第一国立銀行、商工会議所、証券取引所など、五〇〇以上の会社や団体設立の経営や大学の実業教育、医療福祉事業に携わった。

注11　尹致昊（一八六五～一九四五）

李氏朝鮮末期から米軍連合軍事政期に活動した朝鮮の政治家、貴族、教育者。朝鮮初の日本留学生の一人として開花思想を吸収し、金玉均、朴泳孝など、開花派の志士や福沢諭吉などの日本の文明開化論者と親交を深める。上海で結婚後帰国して李商在、李承晩などと独立協会を組織して、独立新聞の主筆、万民共同会の会長として活動する。日韓併合後は日本に協力する貴族を見て失望して公職を辞め、民族主義運動に尽力する。しかし民族主義者として逮捕され三年間投獄されるが、出監して親日へと転向して社会活動と対日協力を行ない、晩年は社会事業活動に尽力する。

・**貧民相助会**

一九二六（大一五）七月八日、京城貧民相助会は李亮氏外四氏の発起で開所した。場所は東大門、蓬莱町、昌徳宮付近の三箇所で、簡易夜学部、職業紹介、疾病看護、住宅、教化の各部事業を設置して活動を行なった。（編集部『朝鮮社会事業』第四巻八号、一九二六）

・**京城救済院**

京城救済院は一九二四年兪熙鐘の提案で、齋藤総督、有吉政務総監その他に内鮮知名士支援を受けて設立された。京城救済院の目的は、児童の養育、副業奨励、苦学生救助失業者に職業を与え少しずつ増員させることだった。資本金は五万円で、その中で一万円を朝鮮内、四万円を内地で各々寄付金を募集した。事業としては、農事経営、養鶏場、ミシン糸製造等（編集部『朝鮮社会事業』第一巻一二号、一九二四）があげられるが、これ以外に資料が判明されないことを踏まえると隣保事業活動は大々的に行なわれていなかったようだ。

・**中央基督教青年会**

中央基督教青年会は一九〇五年鍾路通り（現ＹＭＣＡ周辺）に設立された。毎年米国本土から一万円の補助金を受けて運営し、会長職は三・一運動以後尹致昊が歴任した。青年会館の施設は、室内運動場、教室、図書室及び工業実習場、簡易食堂、沐浴場、写真映像所、事務所などがあった。本会の会員は二〇〇〇名程度で、教育部だけで九四〇名の学生が教育を受けて、体育部、社交部、工業部を運営した。社交部では、月並会、娯楽会、英語、社交会等を開催して、会員相互の親交を実施した。（朝鮮総督府庶務部文書課長「中央基督教青年会と其の経営振り」『朝鮮』七七）

・**朝鮮労働共済会**

朝鮮労働共済会は一九二〇年二月七～四月一一日創立された。以来本会は一九二四年四月二〇日朝鮮労働総同盟に統合され、発展的に解体される時まで労働運動と小作の農民運動で大きな業績を出した。本会は朴重華を中心にソウル本会と四六か所の地方支会で全国的に展開し、約六二〇〇〇余名の労働者を組織化することに成功した。本会は隣保事業を行なっていないが、労働者階級が韓国歴史上始めて全国水準で大規模的に組織化して、巨大な社会勢力として登場した。本会の趣旨は、知識啓発、品性向上、艱難救済、職業紹介、貯蓄奨励、衛生奨励、労働調査などである。当会は日本当局に弾圧を避けながら労働者相互間の相互補助と、団結した組織的実力をもって涵養して強化しようとした。（愼鏞廈『韓国近代社会史研究』一九八七）

（三）官民一体による共同運営

東部隣保館設立

冒頭のまえがきでも紹介したが、次は官民一体による「東部隣保館」の設立と事業内容について考察することにしよう。

東部隣保館が設置された時期は、一九二九（昭四）年になる。まず、一九二七年方面委員会制度設置後に京城府東部方面委員が隣保館建設の計画を行い、この時に京城府内南大門通りに居住した実業家の小林源六が建築用材と私財五〇〇円を府当局に寄付して建設が始まった。その他に鍾路四丁目に居住する金顯弼の五〇〇円、鍾路五丁目（に居住する張寅永の五〇円等、多くの寄付者が協力し、こられの寄付金を合わせて京城府は建設費四〇〇〇円を計上し、一九二九年八月五日セメント木造二階建て約五〇坪の建物工事に着手し、同年一〇月一五日に竣工するに至った。（愼英弘、前掲書、頁六二一～六二二）

東部隣保館は東部一三か所の町洞居住者の環境改善を図る為、孝悌洞（現鍾路区）二五一番地にて設立され、一九三五年館長の李康爀の私有地清涼里一洞に移転するまで運営が行われた。

東部隣保館の委員には、初代館長に李康赫、副館長に太應善、理事には吉弘貳・姜漢敏、柳喜章・李冕根・趙寅燮・沈溶澤等が各々選任された。副館長の太應善は社会教化に情熱的で、私財を投げうって鍾路六丁目二三九番地前の灯籠を改修したり、石造二一坪の洗濯所を作ったりして住民の利益に貢献した。（『京城彙報』九二、一九二九）

事業内容

資料（朝鮮社会事業研究会『朝鮮社会事業』第七巻一二号、一九二九年）によると、東部隣保館の事業内容は左記のとおりである。

①家事生活の改良向上：この目的を実現するために授産・職業紹介・貯金奨励生業・資金資金の貸付・理髪所の設置を行なう。

②身上相談：社会的公正に人生の常道を受ける為、人事・法律・健康の各種相談に応ず。

③教育：貧民家庭の児童を中心に補習教育、及び簡易図書閲覧室を開設する。

④近隣団体の編制：子供の集まり、母親の集会等を組織指導する。

⑤教化運動：講演会を利用して保健衛生思想の普及等に資する。

⑥社会調査：社会の病に対する診断調査が必要なので、隣保館は方面委員と密接連絡をとりながら社会調査を研究する。

写真 10　1935 年、清涼里に移転した東部隣保館跡地、現ミジュアパート（1989）

他にも東部隣保館は、東部方面区域内の家庭婦人の常識養成の為に、婦人見学団体を組織して京城府庁、新聞社その他等の団体施設の見学を行なったり、創立記念おきに老人たちを招待して東部敬老会を開催したり、方面事務所主催による行事等を実施したりした。或いは一九三二年度から貧民衛生保護の為に東部隣保館内に理髪所を開業して、理髪代一〇銭、小人五銭の料金で貧民の理髪を行なったり、乳幼児愛護週間の時に健康相談や妊産婦無料健康相談を行なったりした。

一九三三年五月からは、眼科診療と内科診療を開始して貧民の為の無料診療を行ない、一九三三年一一月一日に眼科治療所、内科を各々増設して診療を開始した。診療は毎週月・水・金曜日の三日間、午前一〇時から十二時までの二時間の診察料を無料としたり、内治療費は実費で、極貧者に対しては無料とし、担当医師は眼科診療と同じく二名で対応した。(『京城日報』第一四〇、一九三三)

しかし、東部隣保館は利用者の増員により新たに新館を増設する為、一九三四年館長李康爀が所有地一二〇〇余㎡(現:東大門区清涼里ミジュアパート)を「養老院」敷地として寄付して、一九三五年五月六日に新館を開設した。養老院事業では、六五歳以上の男子約三〇名を受容したが、維持費が難しい時は官庁の補助を受けるか、隣保館の諸事業を編入させながら運営を行った。(愼英弘、前掲書、一九八四、頁六五~六七)翌年一九三六年四月一日、東部隣保館が建つ清涼里区域は古陽郡から京城府に新しく編入されることにより、その数は一巴八面七八戸里に増加し、これは一九一四年四月一日以来二二年間存続して来た区域名称に対する制度の一大変革でもあっ

た。（ソウル市編纂委員会『ソウル行政史』一九七七）

このように東部隣保館の需要度を痛感した当局は、以後京城府の各部ごとに新しい隣保館を設置して、治安事業も含め零細民の生活向上と市民の福利増進の為に諸事業を進めて行った。そして民間隣保館の増設奨励と同時に、当局は一九二九年の東部隣保館に続き一九三五年北部隣保館、一九三六年麻浦隣保館、城東隣保館、永登浦隣保館へと官民一体の公館施設を次々に開館して行ったのである。

Ⅶ章　方面委員と町洞総代の活動内容と役割

一　方面委員の活動

東部隣保館の李康赫館長は、対日協力者で当局の絶対的信頼と支援を受けられるほど、社会事業活動のみでなく政治活動、地域活動にも尽力した人物だった。零細民の生活向上と市民の福利増進を図る一方で、当局から各部の方面委員活動や社会教化活動などを任せられる程信頼が篤く、実際長期間隣保館の館長と東部の方面委員職に就いた。

当時方面委員と隣保館は密接不可分の関係にあり、内鮮融和の一環として方面委員制度の事業をより効果的に遂行する側面があった。両者はいつも連携を図りながら活動するのが統治上効果的とされ、町洞会幹部、或は警察署幹部たちと親睦な関係を築きながら京城府の末端機関の役割を果たした。(『朝鮮社会事業』五巻五号、一九二七)

方面委員設置

愼英弘先生の著書(愼英弘、前掲書、一九八〇)によると、方面委員とは日本独自のものでなく元来ドイツエルバーフェルドの「救貧委員制度」を模範に設立した制度だった。これはElberfeld に採択された貧民救済の地域組織として、全市を小地区－各地区に四世帯を超えない程度の被救済者含む小地区に区分し、名誉職救貧委員を置き地域貧民の生活調査、救済、指導を担当する制度だった。

当局は、この制度を日本で取り入れた後に朝鮮でも実施しようと、まず保隣会の評議員だった李康赫と李東赫の二人を研修で日本（東京、大阪、横浜、松本、名古屋、京都、神戸、下関、福岡）に遣わして住民の生活を視察させ、その後も一二名の方面委員を選定して一九二七年一二月一五日京城府でも最初の方面委員制度を設置した。

一二名の方面委員名は左記のとおりになる。（『京城彙報』第七六号、一九二七）

・東部方面（於義洞公立普通学校）　…　李康爀、朴聖模、沈浴澤、李晃根、姜漢敏、梁奎煥、太應善

・西部方面委員（梅洞公立普通学校）…　李東爀、丁勉燮、洪文周、劉永烈、鄭奎煥

しかし、既に当局は一九二二年五月六日方面委員制度設置の前段階として社会改造の一機関である「社会教育委員会」を設置していた。その内容は方面委員とは異なるが、府内を五区分にして図書館、芸術、娯楽、体育、講演会の開催等、各文化方面での活動が主である。その時の仕組みを活用して、京城府は合計一〇名の実行委員を含む府職員及び学識のある者の中から二五名を委員に選定して、時々委員会を開催して民衆の教化指導の準備を行なった。

方面委員の設置は当初府内全域に設置せず、適当な場所の方面区内一町洞に委員一人ずつを置き、その後京城府内一八六か所町洞全部に方面委員を設置して貧民の生活様態を調査する計画だった。結果的に、方面委員の町洞会活動は影響が大きく積極的に府民調査に活用され、委員区

域は一方面で委員一名を置いて、零細民二〇〇軒以内を調査して零細民を指導するに至った。(山口正、「方面委員に就いて」『朝鮮社会事業』一九二七)

一九三一年末の京城府内の方面委員設置状況《表五》によると、方面区は東部、西部の他に北部、南部、龍山が次々に設置された。

《表五》京城府方面委員設置状況(1931年)

方面区	事務所所在地	委員数	常務委員	設置年月日
東部	孝悌洞 東部隣保館内	15名	李康爀	1927年12月12日
北部	梅洞 公立不屈学教内	12名	李東爀	同上
西部	天然洞 向上会館内	12名	李恒植	1931年3月3日
南部	舟橋 公立普通学教内	12名	芮宗錫	1931年12月4日
龍山	元町　3丁目45 龍山出張所	11名	金應純	同上

方面委員の業務内容

方面委員の業務内容に関しては、調査(生活調査表の作成、世代顔カード区分)、相談指導、惰品の矯正、保護規制、保健規制、周旋紹介、戸籍整理の七項目が人事百般に分けられた。業務の内容は、社会改善や治安維持の為の管理を主とする社会教化活動が多く(愼英弘、前掲書)、地域統治に対し大きな影響を持つに至った。

当時の調査(一九三二)によると、五方面にあった零細民の人口が二〇五三八名、世帯四九六一軒、その中でも特に救済すべき人数が九四八七名、二三三八世帯に及んだ。京城府人口推移（行政区域三〇万人超）に対比して見た時、これは数少ない方面委員が二万余名の零細民の指導を行なわなければならなかった（井上清「方面委員の任務に就いて」『京城彙報』第一三二号、一九三二）ことを鑑みると、方面委員の社会教化活動の役割が如何に大きかったか理解できる。

また、方面委員の人選対象の条件に関しては学校関係者、警察関係者、社会事業関係者等、当局と繋がった人物が定められた。人選の条件としては「社会公共に理解力のある者、財政的・時間的に余裕あって活動的な者、零細民に積極的に接触する者、専門家は避ける」と規定された（山口正「方面委員に就いて」『朝鮮社会事業』第五巻二号、一九二七）。

しかしその一方で、日本人と朝鮮人の人選条件に関しては「最初親日（対日協力）的な朝鮮人を少数人選して朝鮮民衆の植民的統治に対する不満、批判を回避緩和する役割を受けたが、やがて統治の根幹に関する社会的な秩序安定と民心収攬の人的媒介として朝鮮人を積極的に配置するようになった」（遠藤興一「方面委員制度から見た植民地の社会事業」『Socially』明治学院大学）。視点を変えて見ると、これは第一線の援助機能を朝鮮人方面委員が現場を担い、組織全体の機関統制は日本人の方面委員が担うという組織体制が既にある程度敷かれつつあったと、捉えることができる。

二　町洞総代の活動

町洞総代設置規則

京城府民の本格的な自治的活動は、一九一六年九月（第一号）に制定された「町洞総代設置規則」による町洞総代の町会活動が始まりである。同規定発布二か月後には、京城府内に二八個の町洞会が設立され（愼英康、前掲書）、その後府内に三七名の町洞総代が就任した（申恩珠、河相洛編『韓国社会福祉史論』一九九八）。一九三四年には、一八六個の町洞内に合計一二五個町洞、一〇五名の総代が就き、内訳としては四九か所で日本人総代、五六か所で朝鮮人が町洞会を担当し（愼英康、前掲書、一九八〇）、数的に見れば朝鮮人の方が日本人より多かった。

各町洞総代及びその補助機関で選任された評議員は、町洞民と官公署（学校、警察、会社等）や民間施設との密接な関係の連絡事務を取り扱い、特に町洞総代は警察と連携して警察との連絡を図りながら治安維持の為、（当局の推進する）社会教化事業に積極的に参加した。（山田一隆「警察よりみたる社会事業」『朝鮮社会事業』第八巻三号、一九三〇）。例えば東部の東部隣保館では館長が町洞総代、方面委員として各町洞会と町洞総代と連携を図りながら町洞に長く居住する有力者、長老、地主等と教化組織を試み、府行政の末端機関として地域内で賛同、参与できる協力者の窓口を担ったりした。

こうして京城府は町洞総代を通じて町洞会の町洞住民、京城府民の実態を把握し、社会教化事業など諸事業を行なった。町洞会で活躍した代表的総代の中には、一九三二年一〇月一八日に改選される時まで一五年三か月間鐘路五丁目で職位にあった李康赫や後に方面委員にも嘱託された日本人椋木彦五郎、一九一六年から長年鐘路六丁目から一八年間継続総代として従事した太應善（『京城日報』第一〇巻一号、一九三五）等、社会事業に従事した人物があげられる。

また、長い間社会事業施設団体に寄付し続けた篤志家の中には、著名な実業家小林源六や学者の李能和[注12]、金敬熙、張基鴻、吉本恵七等が一九一六年町洞規定当時から就任した。前章でも紹介したように、小林源六は一九一六年一一月三〇日から総代に就きながら京城府にあった向上会館、救世軍育児「ホーム」、東部隣保館等の施設設立に貢献した人物であり、他にも救世軍を始め沢山の施設団体の災害救護事業、出版事業に寄付金を補助したり、京城府内の龍山大水害時には当時の金額で救護金千円を寄付したりした（編集部『朝鮮社会事業』三巻八号、一九二五）。一九三五年第一回の「優良町洞總表彰式」には、一五年以上勤続した一二名の町洞総代の中で八名が選任された。その中には前記の町洞会活動に尽力した金敬熙、張基鴻等、数名の総代が入り、その他に太應善の場合は、東部隣保館の理事として町洞総代、方面委員を兼任しながら東部一区域で活動した。これを契機に当局は方面委員の関係者を通じて宣伝パンフレットを配布し、

注12　李能和（一八六九～一九四三）
李氏朝鮮末期、日本統治期の学者。外国語学校の教員、校長。朝鮮総督府の朝鮮史編纂委員会委員などを歴任し、教育研究だけでなく社会教化にも尽力した。

必ず零細民のいる所に方面地区を決定し、零細民のいない地区には事務所を設置しないように方針を変えた。（愼英弘、前掲書、頁二一九、一九八四）

以上のように京城府では、行政末端単位である町洞を支配する為、隣保館などの施設を通じて町洞総代が中心となって地域住民や篤志家等と連携しながら民間人の寄付金奨励や官民一体の社会事業活動を行ったのである。

総代の処理すべき事務概目

左記の京城府告示規則（京城府『京城府史第三巻』）「総代の処理すべき事務概目」、一九三四）を見ると、前記の活動内容以外にも町洞総代の役割が如何に大きく重要な立場であったのかが理解できよう。

①法令その上一般的に周知を要する事項伝達に関すること。
②就学督励、その他に学事に関すること。
③伝染病予防救護及びその他に一般衛生に関すること。
④国税その他にいろんな公課の滞納矯正に関すること。
⑤民・戸籍法・宿泊及び居住規則による諸種類の申告及び営業に関する諸申告。
⑥府内諸官公署と町洞住民間の連絡に関すること。
⑦町洞共同一致を養成して、その発達を期すること。

⑧府尹が必要だと認定する事項　等、八項目である。

この制度は、隣保相助の機能と末端行政の補完機能になり、各町洞の〝有力者〟を総代として府政の末端を取り扱うことのできる結果を招来し（武田幸男編並木眞人「植民地後半期朝鮮における民衆統合の一断面」『朝鮮社会の史的展開と東アジア』山川出版社、一九九七）、京城府内の町洞だけでなく全朝鮮の自治体の支配構造を政治的、行政的に形作る事務指導規則となった。

三　教化運動の必要性

主導的な役割を果たした職種、団体

官民一体による東部隣保館の事業内容の中で、特に注目すべきことは社会教化事業の教化運動だった。教化運動とは、一九二四年日本で国民の「一致協力」「大同団結」の為に実施された国民教化運動を指す。当局は、どのようにすれば朝鮮人と一体化して民族感情を払拭できるのか、あらゆる対策を打ち出し、その一法案として教育と宗教の力による協力連携を図らなければならなかった（笠谷保太郎「意見」『朝鮮社会事業』第八巻一二号、一九三〇）。

その主導的役割を果たした職種は、主に教育者、宗教家、社会事業家、実業家等で、又は社会教化事業に積極的に関与した青年団や修養団・同民会の教化運動、朝鮮仏教団などの教化団体の

活動だった。
例えば、一九二九年頃全朝鮮での青年団の数は、八〇〇団体、団員は一一万余人に達した。当団は一九二〇年代大正デモクラシーに影響を受けた団体で、文化政治の思潮に担うようにされた組織がほとんどである。標榜したスローガンは、民族の「一致協力」「大同団結」を基軸に智育、徳育、体育を重視する教化運動だった。（朝鮮総督府『朝鮮に於ける施設の一斑』、一九二九）
愼先生によると、とりわけ朝鮮では独立運動、共産主義運動の高揚や後に満州事変前後の社会治安の錯乱、財界の権限、思想自由による混乱等を克服する為、精神復興、挙国一致の教化運動が幾度も実施されたようである。具体的には、京城府の各町洞会や各部（五部）の社会教化網下で教化団体の緊密な連携が敷かれ、その結実体が朝鮮総督府の主導する「京城教化団体連合会」だった。（愼英弘、前掲書、一九八四、頁六二一〜六二二）
一九三〇年一〇月二五日、京城教化団体連合会は京城府社会館で初めて懇談会を開き、会長には井上清、副会長に呉兢善、前田昇が各々選任された。理事は東部隣保館の李康爀、保隣会の金一善、又は和光教園の荻野順導、鎌倉保育園支部益田嘉伊智、京城救護会中橋政吉、開教院浄土宗久家慈光、平田育愛会山中大吉、京城府社会課長李元甫、基督教朝鮮監理教梁柱三、日本赤十字社朝鮮本部大橋次郎、同民会申錫隣、丁字屋小林源六等（『京城日報』第一三八）、二一名の社会事業家、宗教家、実業家が選任された。
それ以降も次々に団体は増加し、一九三三年二月二五日結成会時には五九団体に及んだ。（愼英弘、前掲書、一九八四、頁一六一〜一八三）一九三〇年一一月七日、京城府社会館で開かれた懇談会で朝鮮総督府の齋藤総督は「教育、その他の教化に関係のある各種の団体は、各独自的な組織と沿革を持っても、その主張は同じではない。しかし民心を作興して、生活の向上、改善を通して国本培養の基調を成就するのが目的」（編集部『朝鮮社会事業』第八巻一二号、一九三〇）だと述べた。

教化運動と東部隣保館

教化運動の具体的活動は、町洞会長、方面委員、施設長等の地域有力者を通じて教化委員を常置して、地域住民と緊密な連絡提携を図り、地域社会における教化組織の細胞・中枢として一定の社会啓蒙活動を行うためのものだった。その基本には、「戊申詔書」と「国民精神作興詔書」の二詔書を置いて普及させ、講演会・講習会・講和等を通じて行なった。

二詔書は聖訓として家庭、学校、会社、社会等、各方面に置いた。家庭では、神仏壇（神棚）の前で聖訓を奉読、学校では学生用の受信書、倫理書の巻頭に聖訓を掲載するか、学校で聖訓奉読の日を設定して訓話を行なった。（編集部『朝鮮社会事業』同掲書、一九三〇）

教化運動が具体的に実施された以後、東部隣保館では多くの東部教化区教化の集会が開催された。一九三四年八月一日には、京城府社会主事三島豊二をはじめ六二名の参加者により委員会が行なわれ、東部教化区での教化事業の促進に対して具体的な協議案が提示された。同教化区の副委員長森川直恵（東大門警察署長）議長を中心に、①国旗掲揚塔新設　②講演会及び活動、写真会の開催③各町洞教化紹介等、活動内容を相議しながら拡大を図った。（愼英弘、前掲書、一九

八〇）

すなわち東部隣保館は、東部で教化委員・方面委員・出張所・町洞会幹部等、或は各部の警察たちと密接な関係を通して教化運動の府行政末端機関の一つの機関として中心的な役割を果すと同時に、対日協力者である李康爀館長を中心に京城府統治の為の末端行政の一機関として当局の絶対的支援と町洞会の自治的な信頼を受けた隣保施設だったのである。その貢献により、大正天皇没後一〇年目の一九三六年一二月二五日、李康爀は隣保相扶の精神を持って献身的方面事業功労者として朝鮮人二名中の一名として表彰され、後に京城府内で活躍する朝鮮人後継者を輩出させるなどして地域貢献に尽力したのである。

Ⅷ章　民族同化に対する社会事業家、篤志家の本義

一　社会事業家の基本精神

社会事業の大家、バーマレー

社会事業の大家であるバーマレーは、一〇〇年前「社会事業と人道主義の関係性」について次のようなことを述べている。

社会事業とは、人道主義でなければ嘘だ。社会事業とは、本来人道主義に立脚したものであり、すなわち国家、人種を超越した社会事業でなければならない（阿部望洋、『朝鮮社会事業』第二〇号、一九二五）と。

このような発言は当時バーマレーだけでなく、他の社会事業家にも共通した認識として広まり、既に多くの社会事業関係者が真の社会事業とは、国家、人種を超越したものでなければならないという見解がある程度浸透していた。

しかし当時の社会事業関係者の資料を精査すると、「社会事業は人道主義に立脚して、国家を超越しなければならない」と言いつつも、本音では内面の普遍的ベールが剥がされて、自国愛一辺倒による国家主義者に心酔した社会事業思想の発言が至る箇所で見かけられた。これは人間が外部環境によって支配を受けやすい存在だからなのか、それとも人間自体が元来そのような特質を備え持つ生き物なのかはわからないが、資料の中から葛藤する記事が多く確認できた。

社会生存の基調

日本の内務官僚、朝鮮総督府の官僚だった松村松盛は「社会生存の基調」に関して、

社会生存の基調は、人類の相互扶助、協調、或は民の隣保相助にあった。どんな問題もこの基礎的観念を離れたら、到底十分な解決は成就できない。この精神を根に置かない社会政策、社会事業は人の心の底辺を感じとることが出来ないだろう。（松村松盛、『朝鮮社会事業』第八号、一九二三）

と述べている。

これは言うまでもなく当時の社会生存の基調の普遍的な精神であり、社会全体が備えるべき基本的な観念、姿勢であり、そこから脱する社会事業は人の心を受けとめることが出来ないであろうという解釈である。

しかし、悲しきや社会生存の普遍的な精神に国家の利害関係がからむと、途端に国家は捻じれた国家第一主義に偏った社会事業思想へと変貌し始めるから厄介である。例えば、日本だけでなく西欧の植民地支配の歴史を見てもわかるように、たとえ人類の隣保扶助、協調など、社会生存の普遍的な精神を掲げても、国益の意識や政策が第一主義として絡むと、関係は相反しやすくな

り、挙句の果てには国家の対立へと傾斜するようになる。

このような傾斜は戦前の植民地時代だけに限ったことではなく、現代の国家間においても国家第一主義が中央ラインを乗り越えてしまうと、相手方の言葉の意味や行動が理解できないまま矛盾・対立が生じやすくなるのである。

つまり当時の社会生存の基調とは、人道主義を基軸にした人類の相互扶助、協調を意味し、国益に傾きがちな国家意識を超越する為の普遍的かつ公正公平な基本精神、中立思想である。しかしながら国家、人種を超越する社会生存の為の崇高な思想であるにもかかわらず、一方で他国を統治する上で国家主義に立脚した社会事業の利便策として利用されたのも否定できない事実でもあった為、その本質は多くの社会事業家がその狭間で葛藤、苦悶したのである。

日本当局が植民地領土の拡大と民族の同化という究極の目的を掲げる以上、大半の社会事業家や社会事業関係者は社会生存の基調を曖昧にするか、或いは民衆の心を強制的に緩和する活動に専念せざるをえなかったのである。すなわち人道主義とは、植民地朝鮮支配ありきの社会保存の基調であり、その為の隣保扶助であり、当局は民族同化の思想及び社会事業活動の運営を奨励し、利便性の高い生活実践的な防貧・救貧事業を朝鮮全域に展開したのである。

社会事業と宗教の利便性

一九二〇年初頭の社会事業施設一覧表（第Ⅳ章表三）を見ると、一九二〇年代朝鮮で社会事業施設に携わった業種は、社会事業家、実業家、教育者、そして宗教系列の関係者などである。その中で特に多かったのは、既に明らかにしたように仏教系列の活動家だった。これは日本仏教が当時思想的に朝鮮社会の文化や宗教（仏教、儒教）と融合しやすかったからであり、倫理道徳上受け入れやすい社会生活通念だったからである。

このことを立証するかのように当局の行政に携わった金泰治は、朝鮮社会事業研究会が発行する『朝鮮社会事業』「宗教と社会事業に就て」（一九二七）の中で両者の関係に対して、

　社会事業家のほとんどは宗教家であり、宗教と社会事業の関係は相離することのできないほど密接な関係がある。

と述べている。

このような発言は総督府の社会課課長だった山口正も同じく、京城府主催の講演（『京城府主催社会事業講演録』一九二七）で強調しているので引用してみよう。

　宗教団体の社会事業は宗教の宣伝となり、人類の教養となり社会教化となる。…社会調査、公共団体、児童保護、セツルメント、貧民の直接救済は、宗教との関係がよい、と。

また山口は、

　将来の国民をつくるためには児童の感化にたくさん関係するので…宗教というのは社会教

化、児童教養、可哀相な人を助ける方面でよく合わせることができる、と宗教家の社会教化活動の重要性、必要性を強く説いた。

すなわち、右記の内容は朝鮮仏教社の中村社長が「内鮮融化は仏教を通して前進したい。…仏教が（朝鮮統治の為に）さらにもっと重要な役割を演出すべきだ」（『朝鮮仏教』第七四号七月号）と述べた主張とも同じで、一同に仏教的価値観による社会事業の同化推進を意味するものであり、社会事業と宗教の一体よる実践的な活動を奨励した内容となる。

このように隣保館を含む殆どの施設は、社会事業活動の新しい組織として朝鮮鮮社会に登場するが、その性質はきわめて民族の同化性を孕んだ国家主義に立脚した「人心を緩和する安定弁」（早田愛泉「人心改善と社会改造」『朝鮮社会事業』第三巻九号、一九二五）の施設であり、機関の行動形態は西欧の一神教に基づく統治支配とは違い、教理のない神道と天皇制、又は仏教等他宗教と天皇国家主義を結びつけたものであり、朝鮮社会の文化と風土を根底から払拭し、同化する為の実践的な社会事業であったのである。

二　民族同化と社会事業家の相関性

民族同化に対する社会事業家の葛藤

「民族同化」とは、支配国が被支配国に対し民族の主権を奪い民族精神のアイデンティティを打ち消す為に、地域、国家の経済的土台となる生活習慣、伝統文化、言語など文化的背景を変えることを意味する。同化とは、武力による実行支配があれば、経済や思想、文化による支配もあり、二つ以上の国家支配層が一つにされることを指す。

例えば、当時発行された雑誌の中で、「民族同化」とは、内面的に民族的感情を徹底してなくし、思想教育、宗教教育を彼らに扶植すると同時に、宗教内での教化団体を官庁で積極的に奨励し、援助して勢力を拡大していくことである」(『朝鮮社会事業』第八巻一二号)と述べられているが、これは言うまでもなく当時の支配者側の発言であり、朝鮮社会の民族同化を栄進させる為、内鮮同化を進める為の口実として思想的に社会事業活動、社会教育活動の拡大を図ろうとした内容であり、又は人々の意識と行動を根幹から転換する為に、社会事業と思想教育で画策を図ろうとした発言である。

つまり前記でも説明したように、一〇〇年前の社会事業家は、人類愛とナショナリズムの相関性が曖昧に定義化されており、和光教園や向上会館だけでなく他の施設関係者、又は一部を除く朝鮮人、在鮮日本人が両狭間で混迷の岐路に立たされ、同化、融和、国際協調に矛盾を抱きながら社会事業活動に関与したのである。特に同化思想を兼ね備えた隣保事業活動は、当局側の方針に従わざるをえなく、民族同化の為の零細民同化、貧民同化、社会同化の担い手として支配者と被支配者の相関性の中で葛藤しながら実践的な活動に関与するしかなかったのである。

社会事業家、荻野主事の葛藤

たとえば、後に和光教園の教園長となる荻野主事は朝鮮統治に関して次のように述べている。

自国の暗い面を他国民の救済によって光明に人道を受けることは、一度自覚すれば恥辱だ。
（荻野順導「和光教園の使命と実際」朝鮮総督府、『朝鮮』七七、一九二〇）

これは尹晸郁教授も指摘しているように、荻野自身は当時の時勢を憂い、もし日本人が逆に被植民地側の朝鮮人と同じ立場に立っていたら、間違いなく負の遺産として恥辱的な精神状態に陥いたであろうと、他国民からの救済に関して憂いを述べた発言である。朝鮮社会の社会同化、民族同化は極めて朝鮮民族のアイデンティティの尊厳性に触れる部分である為、既に荻野自身国家の主権を奪われることが如何に大きく屈辱的なものになるのか、被支配国の立場として理解していたのである。

しかし、一方で荻野主事（教園長）は和光教園に身を置く責任者の立場として「社会事業に国境はない」（『朝鮮社会事業』第一巻三号、一九二三）という国家を超越する事も述べており、矛盾性を内包したままになっている。実際荻野は、和光教園の教育方針の一つとして「一道の和光を軸に零細民生活の改善、児童の為の積極的な児童保護、労働者地位の向上、民族同化の社会教化振興を期して経済の充足と共に遂行の歩武を進行したい」（尹晸郁、『植民地における社会事業政策』、一九九六）と述べており、国境を超越した実践的な諸事業を積極的に行なっている。

このような荻野教園長の行動面に対し、尹教授は「和光教園の設立当時、仏教的思想がほとんど欠乏していた（政治面重視したあまり）と言いにくい一面もある」とし、「慈悲思想を基軸にした衆生救済的観念による教化・教育・授産事業の側面がある」（尹晸郁、同掲書、一九九六）と、純粋な社会事業が存在することを指摘した。

確かに、当時の資料を精査すると隣保事業だけに限らず他の社会事業に従事した人たちも、荻野主事と同じく国境を超えた国際主義に立った活動を行っている。その中には行政や知識人、長い間施設活動に従事した中間層の管理職者が同じ発言を述べており、実際純粋に国境のない人道的活動を行っていたという事も否定出来なくはない。

しかし、右記の「民族同化」という箇所だけに焦点を絞るとするならば、「国境はない」という荻野自身の発言の真意は、どこまでも「民族同化」の第一主義に立脚したものであり、日の丸拡大の為の和光精神が根底にあったと言わざるをえないだろう。たとえ日本が西欧列強に立ち向かう為という大義を掲げたとしても、これは国益と国家を超越した国際の為の二重心理が複雑に絡んだ表現であり、結果的に日本第一主義の仏教的民族主義者から発せられた隣保事業活動であると同時に、民族同化による日の丸ありきの社会教化事業活動であったと言わざるをえない。

このような二重性を帯びた心理は、当時他の施設団体や社会事業家にも同じ事例が資料の中で見られ、今日でもマスコミでよく話題にのぼる国境を超えたインターナショナリズムの道を歩む人道活動家、社会起業家など数多く紹介されているのは周知のとおりであろう。

要するに、当時の和光教園の隣保施設活動は、高尚な仏教的価値観による倫理道徳を掲げた純粋な人道的実践活動であった。しかしながら、その本質はどこまでも支配層の植民地統治ありきの社会教化事業であり、被支配者側の民族的感情を内面的、生活的に転換させる為の思想教育であり、その活動事業の実体像は極めて支配者側の実践的な零細民同化、社会同化、植民地同化の性質を備え持つ隣保事業にほかならないものだったのである。

社会事業家、渓内一恵と中野高淑の発言分析

一九二二年向上会館の設立者であり、大谷派本願寺朝鮮布教監督の渓内一恵は開設翌年に本会館が慈悲思想に立脚した仏教的社会事業の施設であることを力説した。

> 我々が築く社会事業は、必ずしも朝鮮が日本に併合されたからするのではない。国家の政策に貢献する為に教化運動するのでもない。…ただ、朝鮮同胞に対して純粋な愛の発露として社会事業を経営していくのみである。（渓内一恵「社会事業の基調」『朝鮮社会事業』、第二号、一九二三）

渓内監督の論稿を分析すると、必ずしも教団は国家社会に忠誠心を捧げるための目的ではなく、朝鮮同胞に対し自身の純粋な奉仕を仏の精神で仕え、社会事業を実践することが重要であり、これが「社会事業の精神」だと述べている。

また、渓内監督は、

真に宗教の本義を宣伝する為に、宗教家は社会事業や慈善事業をすべきではない。宗教の本義を宣伝することによって社会事業自らが従ってくる。（『朝鮮社会事業』第三巻九号）

と、教団の宗教本義に対して自らの見解を述べている。

このような発言は向上会館の館長であり、南山本願寺布教監督の中野高淑も、

「今日の社会事業は宗教家の手によって築かれているのもあり、また俗人の手によって築かれているのもある。ただ現代社会を救う一つの機関である以上、現社会の欠陥のために宗教的な教化を度外視して社会事業を築くことは真実ではない」（中野高淑「社会事業の姿を眺めて」『朝鮮社会事業』）

と、社会事業が仏教の本義から遠ざかってはいけないことを憂いている。

この方策を若干補足するかのように、中野館長は「宗教を表面にたて、どこでも信仰を固守して行くという趣旨の中で修学部及び伝習部はあまり宗教を表面的にたてないで生活の安定を図る為に力をいれる。その間に少しずつ宗教の味を植え込んでいく…」と、宗教と社会事業のどちら側にも偏ることない理想像を掲げ、派風を立てないように両面の調和こそが最重要であると述べている。

以上のように二人の発言を整理して見ると、ここに二つの矛盾と言うか、本質的な課題が浮び上がって来る。まず一つ目は、教団側による仏教的な価値観、慈悲思想に立脚した社会事業の本義と不義の隔たりである。すなわち仏教を優先とすべきなのか、それとも社会事業を優先的に行なうべきなのかという、相互依存による矛盾である。二つ目は仏教的社会事業とナショナリズム間で生じる優先順位の隔たりについてである。すなわち国家政策、国家の政策・事業を優先とすべきなのか、それとも宗教の理念、方針に立脚した社会事業を優先的に重視すべきなのかという点である。二人とも両者の重層的な絡まり合いの中で不和、矛盾が生じてしまい、明瞭たる実践的な正当性、本義が提示されず曖昧な立場に身を置かざるをえないという点である。

つまり日本の一教派団体の本部一行、かつ施設の中の監督者が当局の干渉を受けず、純粋な宗教的価値観に立脚して社会事業活動を行なうことは容易でなく、必ずや当局の指示を大前提に行動せざるをえなかった。たとえ、内面上仏の精神で朝鮮同胞に仕え実践すると主張したとしても、結果的に大部分の団体や教団関係者、又は実業家や社会事業家などは、当局の植民地政策の枠組みの中でしか社会事業活動を行なえなかったのである。

三　親日派・親日者（対日協力者）への審判

親日派・親日者（対日協力者）の名称

本書では、筆者の見解により一般的に使用される「親日派」「親日者」という名称と同時に、「対日協力者」という名称を並記させていただいた。批判を受けるかもしれないが、その理由としては名称に内包されたニュアンス自体に違和感があり、先人に対する認識に隔たりがあるということ、もう一つは両者の線引きがわかりづらく、その理由としては多くの資料の中から「親日派」の対象者が時代時代、状況によって若干相反する箇所が見かけられたからである。しかも両者間は親日から反日へ、反日から親日へと行き来する活動が確認出来たからである。

例えば、朝鮮開化期から日清・日露まで、又は日韓併合から文化政治を経て一九三〇年代までの資料を調べると、当初親日派だと思われた人が後に抗日になったりして、又その逆のケースもあって抗日親日反日抗日の判断が実にわかりにくい。時期と状況と相対間の利害関係によっては、立ち位置が微妙に変わって判断査定が容易でなく、このような形態は一九三〇年代から解放以降も同じで時代的思潮の変遷に翻弄された様相が見られるのである。

これは時代的な背景によっても影響すると思うが、現代でも韓国社会では親日行動をすぐに両者の天秤に分け隔て、少しでも国益に対し不利益な主義主張するものなら、すぐに政治的に利用されて「親日派」レッテルが張られる社会風潮が存在する。個人の単位ならまだしも国家単位ともなれば国益に影響して損害を被り、挙句の果てには国際摩擦、対立の要因になりかねない。その秤の現代的起点が「親日派」（「対日協力者」）という名称である。

しかし、現代人が肝に銘じるべきことは、現代の模範者の如く過去の植民地の歴史をすぐに善悪の審判することのみに重きをおくことだけは避けて頂きたいものである。先人がどのような時

写真11　李康爀館長が地域活動を行った現在の清涼里駅前周辺（2023）

代的背景でどのような思いを抱えて過ごして来たのか、内外部環境を理解する努力もせずして、一方的かつ感情的に観客席からヤジを飛ばしながら実行阻止する事は控えてほしいと思うのだが。

東部隣保館館長、李康爀氏の本義とは

このように考えると、筆者は東部隣保館館長の李康爀を始めとする多くの対日協力者（親日派）を国賊として一緒くたにするのは、失礼に当たるのではないだろうか、と思う。

当時の植民地資料を考察してみると、実際多くの韓国人が李康爀と同じような考えと活動をとっている。親日派という名称に対して何も言える立場ではないが、後に親日的な活動をしたと判明されたからと言って、すぐに親日派＝売国者としてレッテルを張ることに違和感を抱いてしまうのは私だけだろうか。否、たとえ韓国人が李康爀を親日派、売国者だと批判したとしても、日本人が韓国人と同等の立場から親日派、売国者と気安く批判するのはいささか聞くに値しない浅はかな行為だと思え

てならない。

逆に筆者は李康爀を含む多くの韓国人社会事業家、活動家が朴泳孝のように近い将来到来するであろう独立独歩型の新国家建設の青写真を見据えて、社会事業活動を実践していたのではないだろうか、という立場である。まるで李康爀が当時の思想家である李光洙の影響を受けていたかの如く、民族の意識と覚醒を抱きながら独立独歩型の新国家像を見据えて、地域社会で韓国人の動員に尽力して政治活動、社会事業活動に従事した光景にしか見えず、決して植民地統治下の朝鮮だけに安住しようとしていたわけではなかった、と思えてならない。

確かに植民地下京城府の一地域社会で、一九二〇年代以降李康爀館長は方面委員、洞長、教化委員、教化連合会委員等、諸々組織の責任を担いながら日本人と共に京城府の末端で社会事業活動を行ったのである。韓民族史の現代視点から捉えて見ると、言うまでもなく李康爀は日本当局と活動連携を図った人物であり、間違いなく朝鮮統治の為の一端を担った国賊であり、典型的な親日派（対日協力者）の代表的人物に当たるだろう。

実際一九二〇、三〇年代の機関誌『朝鮮社会事業』には、李康爀館長に関する活動記録が至る箇所でよく掲載されており、ほとんどの記事が当局の活動と関係する内容ばかりである。当局主催の大会や行事、方面委員や東部隣保館での集いや講演会、会議に参加した時の活動報告会等、政治活動や地域活動上の理由で動員された活動記事等多々掲載されている。また人的関係面でも朴泳孝、尹致昊、李覺鐘など親日派の代表者と直接的に交流を図り、朝鮮の方面委員を始めるに際し直接日本に行って来たりして、現地の実習を受けたりしている。

しかし結果的に、一九四五年李康𤏐館長は植民地下解放直後に自ら命を絶った。死の真意は明らかにされていないが、長い間同化性の強い当局の政治政策活動に乗じて対日協力者として身を捧げて、解放後自らの人生に自害をもって生涯終えたのである。

あとがき　－ Another Story －

一　植民地時代の回想録

ここでは、戦前の植民地社会を過ごした方の証しや、筆者自身が在韓時代に体験した貴重な数々の回想録をおり混ぜながら日韓関係に対する基本的な考えを紹介してみようと思う。既に本書の冒頭でも述べたように、筆者自身は仕事や留学を含め多くの韓国人、韓国文化と交流させて頂いた「縁」が根底にあり、実際その縁によって支えられて来た面が大きい。それは決して公私の利害が絡む特有な官民組織に縛られて作られたものではなく、ただただ地道な草の根交流を続けた人縁、社縁、日々の文化生活の繰り返しから培われたものである。

実業家の淡い恋心

二〇代後半、筆者が初めて韓国を訪れた時は若かったということもあり、好奇心旺盛のためよく子供からお年寄りまで老若男女幅広く交流させていただいた。今時の韓流ブームの雰囲気とは異なり、当時は純粋に韓国社会の生活文化や気候風土、韓国人の気質や性格に親近感をもって溶

写真12　清涼里駅前の大通り、ミジュアパート（1989）

け込み、前書でも叙述したとおり我知らず一時期帰化を考えるほど心酔したものだ。

留学してまもない頃だったと思う、偶然にも自宅近くのアパート内にあった公園（旧地：東部隣保館跡地）を友人と散歩した時に、私達の会話を横で聞いていた日本語の流暢な年老いた方（S氏）と出合った。S氏は私と会うや否や、「もしかしてあなたは日本人？　ここで何しているの…？　私はここ（アパートを指しながら何棟何号室）に住んでいるから、いつでもいいから家に遊びに来なさい、食事でもしましょう」と招待を受けた事があった。

S氏のご家庭は子供たちが独立しており、会う度によく戦前の体験話を興味深く、しかも率直に語ってくれた。S氏との対話はネガティブな体験話が全くなく、今と変わらない初々しい恋愛話やビジネスがほとんどだった。特に印象的だったのは、S氏曰く「戦前、（私は）日本から来た女性と付き合っていてね、時々思い出すんだよ～。彼女とは、いつも一緒にコタツに入って雑談にふけったりしたけど、楽しかった。懐かしいな～」と、思い出話を語ってくれた。

その頃は既にS氏が定年退職して、ご隠居した老人の暇つぶしで私たちを招待していたとばかり思っていたが、後に肩書きを見せられて驚いた。なぜならS氏は、戦後韓国の観光ホテル業界のトップに君臨し続け、長い間日本との企業交流、文化交流に貢献した知日家だったからである。老人の本音で語る一言、一言は無知なる筆者に話しても無駄だと思ったのか、企業の経営話よりもコタツの思い出話の生活回想がほとんどで、ダーティなイメージでしかなかった植民地時代を独自のフイルターで率直に語ってくれた。

過去の傷を背負う高齢者

東大門区清涼里にある市民交流センターに通う日本語の教え子（五〇代婦人）が、ある日鞄の中から一通の手紙を取り出して「手伝ってほしい…」と頼み事をして来た。婦人曰く「私には八〇過ぎの父親がいるけど、その父親が最近になって「解放後日本に残して来た妻子がいる。一度でもいいから会いたい…」と打ち明けて来たという。それで私に「日本に行って一緒に妻子を探してくれないか…」という依頼だった。

詳しく事情を聞くと、どうやら父親は終戦後に朝鮮半島の分断で祖国に帰国せざるをえなくなり、妻子二人を大阪に残したまま一人だけで韓国に戻って来たという。数年後その妻子が父親と再会する為に韓国に来たそうだが、当時の韓国社会は反日感情一色だった為、結局苦渋の決断で「日本に帰国させてしまって…今は音信不通な状態です」という。

ところが良心の呵責なのか、最近になってから父親が日々妻と子に「会いたい、会いたい。一度でいいから（妻と子に）会わしてほしい…」と涙しているというのだ。その姿を見て娘さんはいたたまれなくなり、遂に私に「（妻子と）連絡をとりたいので、一緒に行って協力してほしい…」と懇願して来た。結局お互いの事情により、実現は出来なかったが。

このように長い間韓国に住んでいると、当時は結構戦前の高齢者も生存しており、いろんなケースに直面する事が多々あった。たとえば、ある友人は「おばあちゃんが日本人だった」とか、「父親は戦前日本人と結婚していた」とか、「爺ちゃんの二番目の奥さんは日本人だったけど、戦後評判が悪くなり別れて日本に帰国せざるをえなくなった」とか、結構耳にした。

昨今は多文化共生社会で国際結婚も多くなり珍しくないが、当時は日本人の子孫であることを極端に嫌ったり、もし周りに知れ渡ってしまうと就活で不利になるから、内緒にしてほしいと懇願されたりした。また、ある友人からは「私のおばあさんが日本人なので、噂が周囲に知れ渡るのが恐いので、準備中の国家試験（行政考試）に大いに影響するから黙ってほしい…」と、胸中を激白されたこともあった。

その他にも証は多々あり、韓国人の友人から「あそこに嫁いだ人は日本人だよ。御主人は優しくて良い方だけど、奥さんは日本人に会っても、日本語で話そうとしないんだ」とか、「私は戦前中学まで日本にいたけど、解放後帰国したが日本で育ったことは周りに話さないよ」と、噂を気にするあまり頑なに日本出生、日本育ちを公にしない高齢者や、「日本人とだけは結婚を許したくない…」と頑なに拒否された男性もいた。どうやら社会批判の対象になりやすい日本色をずっと隠していたかったようで、日韓男女の契りが戦前戦後如何に韓国社会に負の側面として残存していたのである。

ある独立運動家、との出会いによって

ある日曜日、当時ソウルで一番大きな鍾路書店の日本書籍人文コーナーで立ち読みした時、突然見知らぬお爺さんが筆者の所にソッと近づいて来た。そして私が読んでいた本の著者を指さして「この人知っているよ。この人の文章はいいね、素晴らしいよ！　この人は日本の学者の中でも私が一番尊敬する人なんだ。この人の文章は心に突き刺さり、グッと来るんだよね。日本は悪いこともしたが、この人は本当に素晴らしい学者だった…」と、こちらが聞いてもいないのに突然著者に対して人物評論をして来た。

その学者とは、東洋哲学者であり、昭和の政治家指南役として有名な保守学者安岡正篤先生だった。恥ずかしい限りだが、その時まで安岡先生について全く無知だった私は、この日の出会いを境に老人の薦めで安岡先生の著書を拝読するようになったのである。

ところが、しばらく爺さんの話を聞いていると、次第にその人がただモノではない、著名な人物であることがわかった。そして最後に「私は（一九一九年三月）独立宣言した三三名の一人…」と言い出し、帰り際に「お家へ遊びに来なさい。いつでもいいから連絡して…」と名刺を渡してくれたが、後で名刺の連絡先を確認してみると、なんと実際紹介されたとおり三三名のお一人だったのである。その時は既に高齢で聴力が弱まり、思うように聞こえない状態になって電話

応対がままならず結果的にお孫さんのお力をお借りするような状態だった。

このように出会いの一事例に過ぎないが、今の時代ではほとんど体験できない交流を意味深く過ごさせていただいた。たとえ韓国人との根が繋がっていなかったとしても、多くの年配者や若年者と交流して信頼関係を築けたのは貴重な経験であり、むしろこのような尊い経験が、後に筆者自身の韓国観の根っことなり両国の友好関係の原点になったのである。

二　現代韓国の政治イメージ

「朝鮮」という文字と、発音の響き

筆者は「朝鮮」「朝鮮国」という文字、発音の響きが大好きである。もちろん、歪んだ偏見や濁った差別的な思い、感情も全くない。時々韓国人から「なぜ、朝鮮と言うんですか、なぜ朝鮮と言う言葉が好きなんですか」と問われ、つい返答に困惑してしまうのだが。単に、「朝鮮」という発音自体と漢字文字が感覚的、情諸的に受け入れやすく、新鮮なイメージと親近感しか湧いて来ない、それだけである。

「朝鮮」という名称は、古代の古朝鮮（檀君朝鮮）から始まり、旗子朝鮮、魏満朝鮮、そして長年の歳月を経て李氏朝鮮王朝、四時代を経て培った誉れ高い、歴史的、伝統的な名称である。

「朝鮮」の語義は「鮮やかな朝を迎える」という意味が含まれており、悠久な韓国の歴史を学

ぶものとしては、何かしらわからぬが韓民族の国名に対し畏敬心しか湧いて来ないのだ。個人的には、今でも「朝鮮」という名称を使用したいほど思慕してやまないのだが、韓国人の感情、ご時世を配慮すれば、使用は到底不可能であろう。

それでも筆者は今まで「朝鮮」という用語を何度か自らの主義主張に従って使用して、何度か韓国人に指摘されて気まずい雰囲気になったことがある。やはり被支配国の立場に立たない限り、呼称については到底韓国人の嫌がる心情を理解するのは容易でないということになろう。

このような韓国人に不快な思いを抱かせてしまった呼称、その要因は言うまでもなく植民地時代、日帝三六年間に遡る。古代から現代に至るまで朝鮮半島からの文化伝播があるにもかかわらず、中世では倭寇、近世で秀吉の朝鮮侵略、そして近代における日本による三六年間の植民地統治時代が刻まれているからである。特に植民地統治時代の屈辱たる憤懣の歴史は、今尚も潜在的に現代韓国人の心と脳と身体を蝕むほど突き刺さったままになっているのである。

歴史的な大転換分岐点

巷では、時々両国に対して未来志向で過去の難題を克服して、前進して行かなければならないと言う人が多々存在する。もちろんそれだけで日韓関係が良くなるとは限らないが、いわゆるいつしか小さい種がきっと耕された土壌から新芽を咲かせるに違いないだろう、と信じる人たちが存在するのだ。実際今日の日韓交流の礎は、まさしくこのような積極的かつ建設的な貢献者等によって、長年の歳月を経て花が咲かせられたものである。

しかし、このような隆盛は政権次第、また社会の雰囲気次第によっては当然反発し合う関係となり、国民の意識と行動自体によってはすぐに大転換することだってありえる。最近の日韓関係を見てもわかるように、韓国では未だ凡そ国民の半数近くが両国の交流を快く思っていないし、若しくは「ＮＯ」と手を振りかざしたままの状況にある。

とりわけ文在寅前政権時代は、コロナ化で冷え切ったのも重なって、外交、防衛、産業機器輸出、慰安婦問題等の影響により、今まで以上に悪化の関係に拍車がかかって、戦後最悪な状況に転落した政権になってしまった。しまいには外交問題が歴史に転化して、さらには政治、経済、文化など広範囲に及んで悪化してしまい、全く交流の実績を築くことはできなかった。その背景には、言うまでもなく文左派前政権による親中・親露・親北路線と反日路線の旗が掲げられたままになり、結果的に国民への反日感情だけが目立ってしまい、一緒くたに噴き出したのである。

韓国側は日本側に対し「日本は反省が全くない、謝罪しない、また始まった妄言、謝罪せよ、韓国人の国民感情を全く配慮していない、歴史を歪曲して無視している、賠償だ、断交だ！」と政治家のプランカードに火をつけまくしたてる。一方、日本は「謝ったのにまた始まった、終わりがない。どこまで謝罪しないといけないのか、約束しても新政権で変わるから、信じられない。日本に近づいたと思ったら、また中国・ロシア・北朝鮮側に傾く、もううんざりだ、断交だ」と対外ベクトルを向けて、一方的に国家の論理を主義主張する。

このような対立構図は単に文前政権時に始まったからではなく、長年韓国社会層の底辺に蓄積する対日感情の憤懣が巡り巡って文前政権時代に合流して、強烈に合致して起爆しただけのことである。とかく日韓関係は、経済交流だけでなくマスコミや市民の政治意識が翻弄されやすく、そういう時に限って反日嫌日論、反韓嫌韓論の二極論の書物が盛んになるのは周知のとおりであろう。

しかし、筆者は文在寅政権時の日韓冷却期間に対して、必ずしも悲観的にとらえているわけではない。なぜなら、日本は文前政権時を通じて多くの日本人が日韓「和解」の為に何が重要なのか、国家として日韓交流の新構築の為に国際法遵守が如何に最重要であるのか、強く認識させられたからである。未来志向で捉えて見ると、まさしく文前政権はその事を深く、強く認識させられると同時に、日韓交流の新転換点の知恵の鍵を授けて頂いた冷却期間でもあったと。

すなわち日本にとって文在寅前政権期間は、新たな日韓関係の再構築へ向かって真剣に向き合い、そして国民に対して忍耐や誇り、日韓外交和解の覚醒を促す歴史的な大転換の分岐点となる冷却選択期間となったのである。

日韓文化交流の盛大な時代圏へ

当初は文前政権が先人の苦労で培った交流（外交、条約）を軽んじているようにしか見えず、もっと両国の冷却期間の延長が必要ではないかと憂い、しばらく間両国の交流は平行線のまま「NO」サインがよしとし、「現政権二期やむなし」と意思表示をしたものである。

しかし、新たな友好関係の新構築へと舵をきった尹政権の誕生により、また長年日韓関係の未来志向を信じて貢献して来た政治家、知識人、実業家、又は親韓派、知日派など多くの一般人の協力により、交流の波は低支持率ながらも大きくうねり新レールの転換点となった。未来志向型から日韓関係を見据えると、必ずや尹政権の勇気ある手腕は韓国の新イメージとなり、歴史的な大きな功績として子々孫々まで伝えられることであろう。

戦後、日韓関係は政治、経済、科学、文芸、教育など、多くの官民交流、草の根交流が行なわれて来た。しかしながら歴史問題だけは中々うまくいかず、それが政治外交へと転化して経済、文化等、他の分野にも飛び火してしまうほど影響の大きい存在となった。

このような両国家間の複雑な関係は、今まで否悲しきや今後も政権、時勢が変わるたびに終ることなく続くことだろう。おそらく国家単位を超える両国の共存共栄社会のスローガンが共有されない限り、又は現実的に卓越した外交手腕力を持つ政治家が登場して旗振りをしない限り、両国の友好関係はこれからも延々と離れたりくっついたりの繰り返しになるだろう。

そのように考えると、やはり金大中元大統領は韓国内のみでなく日韓を含む東アジア外交において政治、経済、文化など全ての分野で大功績をあげており、極めて意義深い民主政権だったと言えよう。特に、一九九七年ＩＭＦ転落以降金大中政権が掲げた文化戦略は、韓国文化発展の火付けとなって、冬ソナブームから始まり一時的に陰りが見えたとしても根強く灯し続け、次々に韓国文化のコンテンツを発信し続けた。昨今では、音楽部門でTWICE、BTS、BLACKPINK、NEW JEANS、映画部門でパラサイト、イカゲーム等、次々にＫ-ＰＯＰや映画・ドラマの配信を通して韓国経済の一翼を担う程までに急成長し、世界を席巻するほど隆盛期を築いている。

また、その他にも李明博元大統領のように、都市文化の建設事業に莫大な費用を投入して、熟

写真 13　李明博元大統領の都市建設大改革（2023）

成した国家の機運を上昇気流に乗じさせたのも決して忘れてはならない貢献の一つであろう。ややもすると日本では、竹島に初めて登った韓国大統領としか注目されないが、都市建築史の視点から捉えると、解放後始めて都市国家として注目に値する国際的な建築功績を残したのではないだろうかと思う。なぜなら韓国都市文化の建設プロジェクトがその後如何に韓国のみでなく日本や他国の都市文化創造にも大いに影響を及ぼし、今日の盛大な国際観光文化交流の時代圏の礎を築いたからである。

それから最後に、近年の歴代政権とは違い、真正面から大胆に貫く尹現政権の政治手腕に、多くの日本人が未だ国民の記憶に新しいであろう日韓首脳会議、G７会議に度肝を抜かれたはずである。たとえ韓国国民の半数以上が反旗を翻し低支持率だとしても、未来に向けて斬新な日韓関係の扉をこじ開けて、新レールを敷こうとする尹大統領の決心は力強く、固い。日本もこの絶好の機会を逃すことがないよう、民主的な対話を重視しつつ両国の対等な新しい関係（「真の日韓文化交流の盛大な時代圏へ」）を構築していただきたいものである。

付記

前書から一〇年が経つ本書は、筆者がここ一〇年間追究して来た研究テーマであり、休日地道にコツコツとまとめあげたものであり、一人でも多くの日本人が「１００年前、韓国ソウル（京城府）の地域社会」にすんなりと興味が持てるようにと、「まえがき」「あとがき」部分を戦前の体験者と筆者の回想録を織り交ぜながらして、「ソウル（旧京城府及び近郊付近）の地域社会は、どうなっていたのか」「当時の社会（福祉）事業とは…」「社会事業施設団体と経営者の関わりはどうなっていたのか」をわかりやすく紹介したものである。

尚、本書においては出来上がるまで実に多くの方々の協力と励ましがあり、特に、留学時代に御世話になったソウル市立大学校並び東亜大学校の国史学科（史学科）の教授陣からご教授を賜わり、また翻訳、通訳等で微力な筆者を心温かく迎え入れ、支えてくれた母校の学生達や研究の道を共に歩んだ仲間、友人達にも大変お世話になり、決して一人では歩むことが出来なかった学問の茨の道のり、改めて本書をもって心より感謝のお礼を申しあげさせて頂きたい。

そして最後に、前書の出版と同じく本書も再校になって沢山の加筆訂正増で困惑させてしまったことに対し、風詠社の大杉剛社長を始め編集部の方々に深く謝辞と感謝の弁を申し述べたい。

いつもご迷惑を多々おかけしているにもかかわらず、韓国史研究家として、また執筆家として微力ながらも執筆の表舞台に登場する機会をいただき、心より感謝の弁を申しあげたい。

参考文献

一　史料

・大阪社会事業連盟編『社会事業研究』、大阪事業連盟、一九三五（昭一〇）、第二一巻一〇号
・大谷派本願寺朝鮮開教監督部、『朝鮮開教五十年史』佛教年監社、一九二七（昭二）
・韓国地理風俗誌叢書』『京畿道勢概要（上）』景仁文化社、一九九五
・京城府社会課、『京城府社会事業要覧』、一九三四（昭九）
・京城府『京城府史（第二巻）』、一九三四（昭九）
・京城府『京城都市計画調査書』、一九二八（昭三）
・京城府『京城府内社会事業概況』、一九二七（昭二）
・財団法人和光教園『和光教園社会事業要覧』、一九二七（昭二）
・財団法人和光教園『和光教園事業要覧』、一九三六（昭一一）
・財団法人中央社会事業研究会『社会事業』、第九巻四号、一九二五
・朝鮮社会事業研究会『京城社会事業講演録』、一九二七（昭二）
・朝鮮社会事業研究会『朝鮮社会事業』一巻、一九二三
・朝鮮社会事業研究会『朝鮮社会事業』二巻、一九二四
・朝鮮社会事業研究会『朝鮮社会事業』三巻、一九二五
・朝鮮社会事業研究会『朝鮮社会事業』四巻、一九二六

・朝鮮社会事業研究会『朝鮮社会事業』五巻、一九二七
・朝鮮社会事業研究会『朝鮮社会事業』六巻、一九二八
・朝鮮社会事業研究会『朝鮮社会事業』八巻、一九三〇
・朝鮮社会事業研究会『朝鮮社会事業』九巻、一九三一
・朝鮮総督府『京城府史』、第二巻、一九三四
・朝鮮総督府『朝鮮に於ける施設の一班』、一九二九（昭四）
・朝鮮総督府『朝鮮総督府施政年報』、一九二九（昭四）
・朝鮮総督府『朝鮮の社会事業』、一九三三（昭八）
・朝鮮総督府『朝鮮総覧』、一九三三（昭八）
・朝鮮総督府『朝鮮事情』、一九三四（昭九）
・朝鮮総督府『朝鮮に於ける新施政』、一九二二（大一一）
・朝鮮総督府『朝鮮』、七二～七七号（一九二〇）、九二号、九六号（一九二一）、一八五号（一九三〇）、二〇九号（一九三二）
・朝鮮総督府『京城市区改正事業』、一九三〇（昭五）
・朝鮮佛教社『朝鮮佛教』第四五～七九号（一九二八～一九三〇）
・帝国地方行政学会朝鮮本部編『朝鮮地方行政』、第二巻一号、一九二三
・『東亜日報』『朝鮮日報』『京城日報』『京城彙報』

二　著書

・阿部志郎『福祉実践への架橋』海声社、一九八九
・池田敬正『日本社会福祉史』法律文化社、一九八七
・池田敬正『社会福祉の展望』法律文化社、一九九二
・李光麟『韓国史講座』Ⅴ〔近代篇〕、一潮閣、一九九七
・李栄薫〔編書〕『反日種族主義との闘争』文藝春秋、二〇二〇
・池潤『社会事業史』弘益齋、一九九〇
・大林宗嗣『ソーシャルセツルメント事業の研究』大原社会問題研究所出版部、一九二一（大一〇）
・강만길『日帝時代　貧民生活史研究』創作社、一九八七
・金光植『近代韓国佛教史研究』民族社、一九九六
・金範洙『韓国の地域社会福祉館の発展過程』弘益齋、一九九五
・金泳謨編『地域社会福祉論』韓国福祉政策研究所出版部、一九八五
・金永愛・池富一共編『韓国近代史』高麗出版部、一九九五
・경상남도편찬위원회『慶尚南道史』（中巻）、一九八八
・具滋憲『韓国社会福祉史』弘益齋、一九九一
・権五球『社会福祉発達史』弘益齋、一九九六
・坂本太郎監修『日本史小辞典』山川出版社、一九八九
・愼鏞廈『韓国近代社会史研究』一志社、一九八七

・愼英弘『近代朝鮮社会事業史研究‐京城における方面委員制度と歴史的展開‐』録蔭書房、一九八四
・서울특별시 동대문구『東大門区誌』富國文化印刷社、一九九四
・서特울특별시 성북구『城北区誌』藝文社、一九九三
・서울別市史編委員会『서울六百年史』第四巻、서울특별시、一九九四
・서울特別市史編委員会『서울행정사』서울특별시、一九九七
・高島進『社会福祉の歴史』ミネルヴァ書房、一九九五
・武田幸男編『朝鮮社会の史的展開と東アジア』山川出版社、一九九七
・谷山恵林『佛教社会事業史』、久野芳隆編『佛教大学講座』仏教年鑑社、一九三三（昭八））
・鄭珖鎬『近代韓日佛教関係史研究‐日本の植民地政策と関連して』仁荷大学校出版部、一九九四
・정재정『일제침략과 한국철도』、一九九四（鄭在貞、三橋広夫訳『帝国日本の植民地支配と韓国鉄道』明石書店、二〇〇八年）
・중앙사회복지연구회『사회사업의 기본문제』이론과 실천、一九九一
・河相洛編『韓国社会福祉史論』傳英社、一九九八
・韓晳曦『日本の朝鮮支配と宗教政策』未来社、一九八九
・平山政十『萬歳騒動とカトリック』カトリック教報社、一九三〇（昭五）
・牧里毎治・野口定久・河谷克義、『地域福祉』有斐閣、一九九五
・安井誠一郎『社会問題と社会事業』三省堂、一九三三（昭八）
・吉田久一『日本社会事業の歴史』勁草書房、一九九四

・吉田久一『日本社会福祉理論史』勁草書房、一九九五
・吉田久一『日本社会事業史』勁草書房、一九七九
・尹晸郁『植民地朝鮮における社会事業政策』大阪経済法科大学出版部、一九九六

三　論文

・阿部志郎「セツルメント」、全国社会福祉協議会『社会事業』第四〇巻一八号、一九八九
・李玉卿『日帝下「文化政治」의 본질에 관한 研究』이화여대 석사학위논문、一九七四
・池本美和子、「日本における社会事業の形成」仏教大学、一九九八）
・遠藤興一「植民地支配期の朝鮮社会事業（一）」『社会学・社会福祉学研究』八二、明治学院大学論叢、第四四九号、一九八九
・遠藤興一「植民地支配期の朝鮮社会事業（二）」『社会学・社会福祉学研究』八九、明治学院大学論叢、第四四九号、一九九二
・遠藤興一「植民地支配期の朝鮮社会事業（三）」『社会学・社会福祉学研究』九三、明治学院大学論叢、第五三四号、一九九四
・遠藤興一「植民地支配期の朝鮮社会事業（四）」『社会学・社会福祉学研究』九四、明治学院大学論叢、第五四二号、一九九四
・遠藤興一「植民地支配期の朝鮮社会事業（五）」『社会学・社会福祉学研究』九五、明治学院大学論叢、第五四六号、一九九四
・遠藤興一「（研究ノート）植民地社会事業の基礎動向について」社会学・社会福祉学会『社会学・社

会福祉学研究』一〇〇号、明治学院大学論叢、第五九二号、一九九七
・遠藤興一「思想史としての社会福祉実践」『日本近代社会福祉実践思想史の研究』、明治学院大学出版部、一九九三
・遠藤興一「大都市隣保館事業性格特徴 - 東京府社会事業協会史 -」『社会学・社会福祉学研究』九六、明治学院大学論叢、第五三三号、一九九五
・遠藤興一「方面委員制度からみた植民地の社会事業」明治学院大学社会学・社会福祉学会『Socially』、第七号、明治学院大学社会学・社会福祉学会、一九九九
・遠藤興一「思想史としての社会福祉史」明治学院大学社会学・社会福祉学会『Socially』、第七号、明治学院大学社会学・社会福祉学会、一九九三（池本美和子、仏教大学、一九九八）
・椛山哲宏『日帝下韓国社会福祉館事業의 展開와 性格』서울시립대학교대학원 국사학과석사학위논문、二〇〇〇
・姜再鎬『植民地朝鮮の地方制度』東京大学大学院法学政治額研究科博士論文、一九九九
・申恩洙『日帝植民下 韓国社会福祉事業의 性格에 관한 研究』서울대학교사회복지학과 석사학위논문、一九八五
・송경옥『일제시대 한국인의 사회복지 활동에 관한 연구 아동보호활동 사례를 중심으로』、서울대학교 대학원 사회복지학과 문학석사학위논문、一九九二
・朴相一『韓末및日政時代의 社会事業에 관한 研究』중앙대학교 사회복지학과、석사학위논문、一九七一

・朴貞蘭『韓国における社会事業の成立と展開に関する研究』日本女子大学大学院、社会福祉学科博士論文、一九九六
・鄭允武『日本佛教社会事業의 発展過程 －明治以後를 中心으로』東國大學校、行政大学院、복지행정학과 석사학위논문、一九九二
・永岡正己「舊植民地・占領地における社会事業の展開（1）」『社会事業研究』、第二四号、社会事業史研究会、一九九六
・永岡正己「舊植民地・占領地における社会事業の展開（二）」『社会事業研究』第二五号、社会事業史研究会、一九九七
・柳珍錫『일제 식민지시대 빈민정책의 특성에 관한 연구』서울대학교 대학원 사회정책전공 석사학위논문、一九八九

天城 寿之助（あまぎ としのすけ）

1961 年、鹿児島県（徳之島）生まれ。韓国史研究家。

大韓民国、ソウル市立大学校人文学部国史学科卒業。大学院修了。東亜大学校史学科博士課程単位取得退学。東亜大学校経営大学国際観光通商学部招聘教授を経て帰国。帰国後は学校（教育施設）マネージメントを学ぶ為、日本語学校・専門学校・大学の教職員を経て、現在は日本語学校の学校長として運営管理にたずさわる。

著書に『朝鮮半島歴史文化論－韓国史と「私」の歴史深層を哲学する－』（風詠社）、論文などがある。

100 年前、韓国ソウル（旧京城府）の地域社会
－社会事業（隣保館）に尽力した施設団体と、知識人・社会事業家・篤志家等の同化パラダイム－

2025 年 1 月 11 日　第 1 刷発行

著　者　天城寿之助
発行人　大杉　剛
発行所　株式会社 風詠社
〒 553-0001　大阪市福島区海老江 5-2-2 大拓ビル 5 - 7 階
Tel 06（6136）8657　https://fueisha.com/
発売元　株式会社 星雲社（共同出版社・流通責任出版社）
〒 112-0005　東京都文京区水道 1-3-30
Tel 03（3868）3275
装　幀　2DAY
印刷・製本　シナノ印刷株式会社

ISBN978-4-434-34958-4 C0020